Inhaltsverzeichnis

Impressum

Psychoanalyse und Körper
www.psychoanalyseundkoerper.com

ISSN 1610-5087
6. Jahrgang, Nr. 10, 2007, Heft I

ViSdP: Die Herausgeber; bei namentlich gekennzeichneten Beiträgen die Autoren. Namentlich gekennzeichnete Beiträge stellen nicht in jedem Fall eine Meinungsäußerung der Herausgeber, der Redaktion oder des Verlages dar.

Erscheinen: Halbjährlich

Herausgeber:
Thomas Fellmann, Binningen, Schweiz
Christine Geißler, Neu-Oberhausen bei Wien, Österreich
Peter Geißler, Neu-Oberhausen bei Wien, Österreich
Otto Hofer-Moser, Rosegg, Österreich

Redaktionsanschrift:
DDr. Peter Geißler
A-2301 Neu-Oberhausen,
Dr. Paul Fuchsigg. 12
Tel., Fax 0043-1-7985157
E-Mail: *Geissler.p@aon.at*

Übersetzungen ins Englische:
Wolfgang Mayr

Die Herausgeber freuen sich auf Ihre Manuskripte, die nach Eingang möglichst rasch begutachtet werden.

Schreibanleitungen für AutorInnen sind auf unserer Homepage nachlesbar.

Umschlagabbildung:
Georg Engeli, Buenos Aires

Verlag:
Psychosozial-Verlag
E-Mail: info@psychosozial-verlag.de
www.psychosozial-verlag.de

PSV

Bezug:
Jahresabo: 25 Euro (zzgl. Versand)
Einzelheft: 14,90 Euro (zzgl. Versand)
Bestellungen von Abonnements bitte an den Verlag, Einzelbestellungen beim Verlag oder über den Buchhandel. Das Abonnement verlängert sich um jeweils ein Jahr, sofern nicht eine Abbestellung bis zum 15. November erfolgt.

Editorial

Mit dieser neuen Nummer unserer Zeitschrift, der insgesamt zehnten seit Beginn – sie ist der Traumatherapie gewidmet – können wir ein kleines Jubiläum feiern. Wir haben uns als Herausgeber stets bemüht, die Diskussion mit Beiträgen aus verschiedenen theoretischen Richtungen in Gang zu bringen und voranzutreiben. Ob wir mit unserem Bemühen bis jetzt erfolgreich gewesen sind, ist Ihrem Urteil, verehrte Lesende, überlassen. Nach diesen fünf Jahren gibt es eine grundlegende Veränderung bei der Zusammensetzung der Herausgeberschaft. Thomas Fellmann wird sich verabschieden. Peter Geißler wird die alleinige Hauptverantwortung übernehmen, die neuen Hefte aber in Zusammenarbeit mit dem AKP (Arbeitskreis für analytische körperbezogene Psychotherapie/Österreich) konzipieren. Bereits für das vorliegende Heft wirken Christine Geißler und Otto Hofer-Moser als Co-Herausgebende mit. Sie haben ebenso bei der Zusammenstellung des Tagungsbandes zum 6. Wiener Symposium »Psychoanalyse und Körper« mitgearbeitet, der im späten Frühjahr 2007 erscheinen soll. Die Beiträge des vorliegenden Zeitschriftenheftes schließen unmittelbar an diese Tagung an und geben sowohl eine Zusammenfassung der Inhalte als auch Ausschnitte aus der Diskussion wider. Der Beitrag von Müller-Schwefe hat sich als willkommene Ergänzung angeboten. Beate Steiner hat am Symposium ein Workshop abgehalten und wichtige Inhalte ihres Ansatzes in ihrem Beitrag zusammengestellt (aus Platzgründen muss er in zwei Teilen erscheinen). Im Rahmen unseres Diskussionsforums lassen wir Sie teilhaben an einem Austausch zwischen G. Worm und R. Maaser zu theoretischen und methodischen Aspekten analytischer Körperpsychotherapie – dieses Mal stellen wir Ihnen den Beginn dieses Diskurses vor. Schließlich richtete ich im Lauf der letzten Jahre die eine oder andere Frage an J. Scharff, und aus diesem E-mail-Austausch hat sich eine weitere Diskussion entwickelt. Wie immer wünschen wir anregende Lektüre!

Thomas Fellmann und Peter Geißler

»Traumatherapie zwischen Körper-, imaginativer und Beziehungsarbeit«: Zusammenfassung und Diskussion

Christine Geißler, Peter Geißler, Otto Hofer-Moser

Etwa um die Jahrtausendwende haben die Erkenntnisse der Neurobiologie im allgemeinen und die der Psychotraumatologie im speziellen die in den 90er Jahren dominierende Säuglingsforschung als *das* Psychotherapieschulen übergreifende, z. T. recht kontroversiell diskutierte zentrale Thema abgelöst. Auch innerhalb unseres Arbeitskreises, des »AKP«[1], spiegelte sich diese aktuelle Situation wieder, besonders natürlich auch in der Fragestellung, ob *übertragungszentriertes* Arbeiten bei Klienten mit Traumafolgestörungen mehr schade als nütze. Wir, der Arbeitskreis, beschlossen daher, zum Thema Psychotraumatologie ein eigenes Symposium zu organisieren mit dem Ziel, eine Schulen übergreifende Zwischenbilanz auf einem rasant anwachsenden Forschungsgebiet zu ziehen, mögliche zu verallgemeinernde Konsequenzen sichtbar werden zu lassen und so auch in der analytischen Körperpsychotherapie eine kritisch reflektierte Anschlussfähigkeit zu aktuellen Entwicklungen zu gewährleisten.

Im Folgenden finden Sie zunächst eine Kurzfassung der Beiträge des Tagungsbandes vom 6. Wiener Symposium »Psychoanalyse und Körper«, das vom 22. bis 24. September 2006 stattfand. Wir haben dabei bewusst auf Aussagen und Stellungnahmen zu den Themen Bezie-

1 »AKP«bedeutet: Arbeitskreis für analytische körperbezogene Psychotherapie. Die Vorläufer des Kreises gehen auf die beginnenden 90er Jahre zurück, als sich einige Bioenergetische Analytiker aus der DÖK (Deutsche und Österreichische Gesellschaft für Körperbezogene Psychotherapie/Bioenergetische Analyse) zu einer Gruppierung zusammenschlossen, die man als »psychoanalytischen Flügel« bezeichnen hätte können. Später, unter dem Einfluss von Jacques Berliner aus Belgien, gewann diese Gruppierung zunehmend eine eigenständige Identität, die 1994 zur Namensgebung »AKP« führte. 1997 gab sich der AKP den Status eines eigenständigen Vereines und trennte sich von der DÖK.

hungsgestaltung, veränderungswirksame konkrete Interventionen, die Rolle des Körpers im therapeutischen Prozess und auf allgemeine Wirkprinzipien fokussiert. Von diesem Überblick ausgehend bringen wir dann eine Zusammenfassung der wichtigsten Diskussionsbeiträge, die nach den einzelnen Vorträgen, bzw. als Podiumsdiskussion mit den Referenten diese abzurunden halfen. Im Anschluss an die Tagung wirkten diese Anregungen auch bei uns selbst weiter, wobei sich, zunächst auf E-Mail-Basis, eine konstruktiv-kontroversielle Diskussion zwischen Peter Geißler (PG) und Otto Hofer-Moser (OHM) entwickelte, der sich etwas später Christine Geißler (CHG) anschloss. Wir hoffen, dass dieser unser Beitrag auch dazu anregen möge, die eigene Position leichter festmachen und benennen zu können, um verstärktes Interesse an einer vertieften Auseinandersetzung mit den verschiedenen Spielarten moderner Traumatherapien zu entwickeln.

Zusammenfassung der Beiträge

Anhand einer Falldarstellung untersucht *Jörg M. Scharff* den diffizilen Wechsel zwischen *»inneren und äußeren Faktoren beim psychischen Trauma«*, wobei dieses aus dem »ökonomischen« Blickwinkel eine Reizüberflutung mit begleitendem psychophysiologischem Stress sei. Unter »qualitativem« Gesichtspunkt sei das Subjekt einer Situation von Hilflosigkeit und Ohnmacht und dem Zusammenbruch bisher tragender Sinnstrukturen ausgesetzt; dazu gehören Abwehrprozesse wie Verleugnung, Hemmung der Mentalisierung, dissoziative Prozesse, sowie Übernahme der Schuld im Sinne reaktiver Allmacht. Therapeutisch gelte es, den Blick dafür offen zu halten, wie im Rahmen der vorbestehenden Persönlichkeitsstruktur und vorgängiger Konfliktszenarien der Patient »Gebrauch« von Aspekten des Traumas im Sinne einer »traumatischen Inszenierung« macht. Diese zwinge den Therapeuten früher oder später zu »Fehlern«, deren spezifische Handhabung zugleich die »introspektive Wende« einleite und den Weg freigibt zur schmerzlichen Wiedererinnerung der frühen Traumata.

Diese stören die Ausbildung der Selbstrepräsentanz, wie *Mathias Hirsch* in *»Körperdissoziation als Traumafolge«* aufzeigt. Sich auf die frühen Traumata später aufpfropfende Traumata führten zur Dissoziation des Körperselbst als *einer* Form der vielen posttraumatischen Dissoziationsphänomene. Der Zweck der posttraumatischen Dissoziation bestehe in der Lokalisierung der traumatischen Gewalt, die in das Selbst eindringt, sodass das Gesamtselbst überlebt. Auch die Selbstbeschädigung habe letztlich eine Schutzfunktion, im autodestruktiven Umgang mit dem Körper versucht der Patient, die damals schädigende interaktive Realität zu bewältigen, ohne dass diese im therapeutischen Dialog zunächst fühlbar, erlebbar oder reflektierbar wäre.

Gabriele Poettgen-Havekost erläutert anhand einer solchen Patientin *»Behandlungsschritte von der körperlichen Symbolisierung zum dialogischen Verstehen von Traumatisierungen«*. Sie bezieht sich dabei wesentlich auf Fonagys Mentalisierungskonzept, innerhalb dessen die Fähigkeit zur Mentalisierung eng verwoben mit spezifischen Bindungserfahrungen konzeptualisiert wird. Da die Benennung und Zuschreibung mentaler Zustände sich entwicklungstheoretisch aus deren »Verkörperlichung« heraus entwickelt, brauche es einen flexiblen, auch handelnd-prozeduralen therapeutischen Zugang, d.h. ein für Handlungsdialoge offenes Setting, um an diese basalen Erfahrungsmodi möglichst umfassend herankommen zu können und ein verbal-symbolisches und dialogisches Verstehen zu fördern.

Auch *Ralf Vogt* nutzt in seinen *»Psychodynamischen Gradwanderungen in der körperorientierten Psychotraumatherapie* »unter anderem bestimmte »konzentrierte und strukturierte Handlungsinszenierungen« zur Psychodiagnostik und zur Traumaexposition, letzteres mit dem Ziel, traumatisch bedingt unterbrochene Handlungsbögen zu schließen. Mehr aus einer Begleiterrolle heraus stellt er im Sinne einer externalisierten »Inneren Bühne« in einer relativ aufwendigen Praxisgestaltung »beseelbare Therapieobjekte« als Trigger zu einem kontrollierten Zugang zu traumatischen Erleben, aber auch als externe »hilfreiche Wesen« zur Verfügung. Gerade bei komplexen Beziehungstraumata in der frühen Kindheit müsse man seiner Meinung nach phasenweise sehr aktive kleinkindgerechte Nachnährungssettings anbieten können. In einem Schweregradmodell von Regulationsstates, im »Somatisch-Psychologisch-Interaktiven-Modell in der Standard 20 Version zur Behandlung komlextraumatisierter und anderer Störungen« fasst er seinen multimodalen Zugang zusammen.

Im Gegensatz dazu verlegt *Thomas Reinert* sein »Nachnährungsangebot« für PatientInnen mit schweren frühen Traumatisierungen nicht in einen dritten Raum, sondern versteht als Selbstpsychologe in der Nachfolge Adlers den Heilungsprozess explizit als ein Nachreifen innerhalb der therapeutischen Beziehung, was natürlich nur bei entsprechend hoher Behandlungsfrequenz und langer Behandlungsdauer erfolgreich möglich ist. Er weist nach, dass »*die Borderline-Pathologie* (oft auch) *als Ausdruck einer atmosphärischen Traumatisierung in der Kindheit*« verstanden werden kann und abgrenzbare Realtraumata, im Sinne von Missbrauchs- und Gewalterfahrungen erst erschwerend hinzukommen. Solche PatientInnen fühlten sich als Kinder in vielfältiger Weise bestenfalls geduldet, sehr oft seien sie Objekte eines offenen oder aber verborgenen Hasses und einer grundlegenden Ablehnung gewesen. Besonders schlimm empfindet er, wenn von Expertenseite her das BL-Störungsbild aus »binnenpsychischen« Defiziten heraus erklärt würde, was aus seiner Sicht einer Retraumatisierung gleichkomme.

Auch *Renate Hochauf* beschäftigt sich auf psychoanalytischem Hintergrund mit der Langzeitbehandlung, bzw. der »*Rekonstruktion früher Traumata*«, ja sie bezieht sogar die vorgeburtliche Zeit – beispielsweise drohende Fehlgeburten, Abtreibungsversuche und Zwillingstrennungen – in ihre Überlegungen mit ein. Ausgehend von der Säuglingsforschung, der Bindungsforschung und den neurobiologischen Erkenntnissen über Gedächtnisbildung und dem damit verbundenen Amodalitätsansatz geht sie dissoziativen Vorgängen als frühes traumatisches Entwicklungsartefakt nach. Unter Beachtung der traumaspezifischen Übertragungs- und Gegenübertragungsphänomene nutzt sie sehr wohl den dritten Raum für imaginativ-körpertherapeutische Interventionen, denn nur der Körper kenne die jeweilige Überlebensrealität, auch wenn diese aktuell nicht wahrgenommen werde.

Luise Reddemann, die Begründerin der psychodynamisch imaginativen Traumatherapie PITT, konzentrierte sich auf das Konzept der Ego-States als einen der wichtigsten und offensichtlich sehr hilfreichen Zugang zu schwer traumatisierten PatientInnen mit dissoziativen Störungen, wobei dieses Verhalten explizit als Ressource anerkannt und bewusst genutzt wird. Sie bringt zu Bewusstsein, dass »sich als viele zu erleben« nicht etwas pathologisches sein müsse, ja dass gerade viele Künstler darin ihren kreativen Ausdruck finden. In ihrem Verständnis

»zur Theorie der Ego-States und deren Bezug zur Arbeit auf der inneren Bühne« geht es – ähnlich dem Konzept des Ehepaars Watkins – um eine »Psychotherapie mit der inneren Familie«, wobei es gilt, kein Familienmitglied zu vernachlässigen oder gar auszustoßen, sondern ein gegenseitiges Kennen- und letztlich Verstehenlernen zu fördern und so mit der Zeit Integration und Kohärenzerleben anzuregen.

David Vyssoki, Mitbegründer und ärztlicher Leiter der Ambulanz ESRA in Wien, berichtete über *»Deprivationserlebnisse in der Kindheit und Folgen – am Beispiel der Fibromyalgie«*, einer medizinisch sehr gut erforschten generalisierten somatoformen Schmerzstörung. Typisch für diese PatientInnen sei das »Doctor-Shopping«, wobei bis zu 30 Fachärzte konsultiert würden. Im Durchschnitt dauere es 11 Jahre, bis diese PatientInnen den Weg in die Psychotherapie, bzw. zu einer notwendigen mehrdimensionalen Therapie, also Psychotherapie, Physiotherapie und Medikation finden. Das realistische Ziel ist Schmerz*reduktion*, nicht Schmerz*freiheit*. Neben dem neurobiologisch begründbaren Chronifizierungsprozess habe der Schmerz auch hier einen psychologischen Sinn: er schützt vor dem traumatischen Erleben, d.h. er steht im Dienste der Dissoziation.

In der Flüchtlingstherapie bei ASPIS (»Forschungs- und Beratungszentrums für Opfer von Gewalt«) wird Traumatherapie für Gewaltopfer verschiedener Kulturen geleistet, wobei methodisch Psychodrama »mit Elementen von Reddemann und Sachsse« sowie Kreative Medien zum Einsatz kommen. Deren Begründer, *Klaus Ottomeyer*, stellt *»Kulturspezifische Traumasymptome, körperliche Beschwerden und therapeutische Angebote in der Arbeit mit Opfern organisierter Gewalt«* vor. In einem dieser Angebote wird beispielsweise die Baumübung nach Reddemann bei den tschetschenischen Frauen szenisch so dargestellt, dass jede Teilnehmerin einen Teil des Baumes verkörpert und anschließend diese Erfahrung in der Gruppe besprochen wird. Zu beachten ist, dass Symptome bzw. Traumaverarbeitung u.U. kulturspezifisch sehr variieren, was in westlich geprägten Diagnosekonzepten (z.B. DSM IV) jedoch bisher nicht ausreichend berücksichtig wird und so zu verfälschten Ergebnissen führen kann. Ottomeyer lokalisiert diesbezüglich, ebenso wie Vyssoki, ein nicht unerhebliches Begutachterproblem im medizinisch-psychiatrischen Feld.

Ulrich Sachsse stellt die Frage: *»was ist die optimale Bühne für die*

Arbeitsbeziehung, die Bearbeitung der Pathologie und die Nachreifung«. Er setzt sich darin pointiert kritisch mit Indikationen und Kontraindikationen zur psychoanalytischen Therapie in ihren übertragungszentrierten und regressionsfördernden Aspekten auseinander. Als *seine* Konsequenzen aus den neuen neurobiologischen Erkenntnissen und den Erfahrungen mit PatientInnen mit komplexen Traumafolgestörungen plädiert er für eine aktive Etablierung einer antiregressiven Arbeitsbeziehung als Basis der therapeutische Beziehung und für die Bearbeitung von Symptomen und Pathologien – auch mit regressiven »States« – vorwiegend in einem unterschiedlich, d.h. imaginativ, szenisch, körperbezogen, etc. gestalteten *dritten* Raum, oder anders formuliert: er plädiert für eine Spieltherapie mit Erwachsenen. Unter den o. g. Perspektiven zeigt er sehr übersichtlich die Eckpfeiler allgemeiner *veränderungsrelevanter* Rahmenbedingungen von Psychotherapie auf, für deren Informationsvermittlung an den Patienten und deren möglichen Gestaltung der Therapeut aus seiner Sicht die berufsethische Verantwortung trägt. Diese veränderungsrelevanten States sind a) *die Anwesenheit der therapeutischen Bezugsperson* (als biologische Voraussetzung wirke die Anwesenheit eines wohlgesonnenen wesentlichen anderen per se beruhigend), b) *der State der Suggestion und der Trance*, c) *der State der Regression* (vorausgesetzt ein erwachsener Arbeitspartner ist relativ sicher verfügbar) und d) *der State der distanzierenden Reflexion und der kognitiven Verarbeitung*. Des Weiteren gehe es um die *Arbeit im optimalen Stress-Level* und um die *Arbeit im jeweils relevanten Gedächtnissystem*, was ein ausreichendes Einüben neuer Gewohnheiten und die Entwicklung therapeutisch wirksamer Rituale einschließt.

Nach *Reinhard Plassmann* in *»Mikrotraumatologie und Körper«* schließlich laufen die Traumaforschungen auf eine neue Formulierung der psychosomatischen Medizin im Sinne einer allgemeinen Theorie für Heilungsprozesse hinaus. Aus einer systemtheoretisch synergetischen Perspektive stellt er fünf Prinzipien moderner Traumatherapien vor, die – ähnlich und ergänzend zum Ansatz im Sachsse-Beitrag – auch Grundlage einer solch allgemeinen Theorie sein könnten. Es sind dies:

- *Das Prinzip Selbstorganisation* (wobei es gilt auf dem Hintergrund einer Theorie komplexer Systeme »Blockaden eines psychischen Selbstheilungssystems« zu lösen).

- *Das bipolare Prinzip* (wo es um ein rhythmisches Oszillieren zwischen Ressourcenpol und Traumapol geht),
- *Das emotiozentrische Prinzip* (d.h. vor allem Beachtung des »window of tolerance« und Fokussierung der Achtsamkeit auf relevante Gefühlsaspekte),
- *Das Prinzip Körperlichkeit* (Unter besonderer Bezugnahme auf Damasio erfährt hier das Konzept eines »Körpergedächtnisses« eine Renaissance) und
- *Das Prinzip Gegenwärtigkeit.*

Das letzte fokussiert auf aktuelle Triggerungsvorgängen in der therapeutischen Arbeit. Plassmann nennt diesen Bereich »Mikrotraumatologie« und meint damit Mikroszenen in der therapeutischen Arbeit, die das Traumaschema enthalten.

Zwecks genauerer Lektüre der Beiträge verweisen wir auf den Tagungsband: »Traumatherapie zwischen Körper-, imaginativer und Beziehungsarbeit«, herausgegeben von Christine und Peter Geißler sowie Otto Hofer-Moser (Psychosozial-Verlag 2007).

Zusammenfassung der Diskussionen

Zum Modus der Niederschrift der Diskussion: Wir haben uns nach Möglichkeit – um den Preis eines gewissen Verlustes an sprachlicher Geschliffenheit – an Diskussionswortlaute gehalten. Insgesamt waren die Diskussionen durch eine große Bereitschaft der unterschiedlichen »Lager« charakterisiert, einander zu zuhören und auch aufeinander zu zugehen. Verkürzt und vereinfachend formuliert könnte man diese beiden »Lager« so kennzeichnen: 1. Regression in der therapeutischen Beziehung, versus 2. Regression im »dritten Raum«. Auf der Grundlage der konstruktiven Stimmung war es möglich, unterschiedliche methodische Wege *in ihrer Unterschiedlichkeit* ausdrücklich zu respektieren und als mögliche Bereicherung zu würdigen, und manch unterschiedliche Zugänge auch einfach als *persönliche* Variable anzuerkennen. Klar wurde auch: »Wir brauchen Begriffe um wahrzunehmen, insofern hilft Theorie – aber: Theorien sind keine Wahrheiten, sondern Versuche, der Wahrheit näher zu kommen – mehr nicht (*Reddemann*). Und

Scharff warnte: »Es gibt verschiedene Sprachen und Logiken, die Bilder schaffen, die wir allzu leicht für Realität halten!«

Am Ende der Tagung fasste *Scharff* als Moderator der Podiumsdiskussion sein Resümee einleitend so zusammen: Konsens bestehe darin, dass es

- um ein emotionszentriertes Arbeiten bei Beachtung des Toleranzfensters der Intensität,
- um eine Arbeit im Hier und Jetzt, und
- um ein generelles Einbeziehen des Körpers gehe.
- Unterschiede bestünden vor allem darin,
- wie weit der Körper einbezogen wird (im Spüren, in der Bewegung, in einer Handlung, oder gar in einer Berührung),
- wie weit der Therapeut in der Imagination aktiv etwas vorgibt (werden vorgeformte Bilder angeboten, oder entwickelt sich das Bild von selbst aus der Szene, bzw. aus der Interaktion) und
- wie die »Beziehungsarbeit« gestaltet wird (geht es darum, die Arbeit zu entlasten, z.B. über ein drittes Medium, oder nicht).

Der letzte Punkt erwies sich in Kontroversen der Vergangenheit als der vielleicht interessanteste. So wirft *Scharff* die Frage auf, in wieweit man sich durch den Patienten traumatisieren lasse bzw. zu lassen habe, und auch *Poettgen-Havekost* macht sich für eine solche Vorgehensweise stark. (*Volz-Boers*, die nicht auf der Tagung war, jedoch im Lehrbuch darüber schreiben wird, beschreitet diesen Weg vor allem über die »körperliche Gegenübertragung«, die ihr helfe, frühe Traumata zu rekonstruieren.) *Reddemann* weist auf die Gefahr hin, dass dann etwas zu früh »gesehen« werden könne, und auf die sich dadurch stellende Frage, ob dieses »Etwas« jetzt auch »dran sei«; man solle sich nicht sofort »auf Traumata stürzen«. *Hirsch* relativiert diese Position, indem er klarstellt: Die Frage, was jeweils »dran« sei, stelle sich ganz grundsätzlich und immer! Als Psychoanalytiker gebe man die Wahrnehmung des »Etwas« nicht sofort durch Deutungen zurück, sondern metabolisiere sie zunächst, oder »containe« sie erst einmal. *Plassmann* ergänzt, dass man häufig mit kleinen, subtraumatischen Erlebnissen deutend beginne, nicht also mit den großen historischen Traumata, sondern mit denen, die im »Hier und jetzt« vorhanden und benennbar sind. Nach *Sachsse* unterbricht Traumaarbeit die negative Übertragung, was die grundsätzliche Frage aufwirft: Wenn später, nach dem Durcharbeiten relevanter Traumata, die Affekte nicht mehr so überfluten – kann man dann die negative Übertragung noch gut bearbeiten? *Sachsse* ist *nicht* dieser Meinung, denn man halte die Arbeit ja absichtlich, bewusst auf der Erwachsenen-Ebene, und man lasse beispielsweise die Täter-Übertragung absichtlich *nicht* anwachsen – die melde sich sowieso durch irrationales Verhalten. *Sachsse* folge auf diese Weise – auch durch die sich häufig anschließende »Innere-Kind-Arbeit« – einer anderen Logik als der eigentlich psychoanalytischen, nutze jedoch seine psychoanalytische Wahrnehmung weiterhin. Nach *Plassmann* würden wir in erster Linie den Rahmen für die Aktualisierung der Ressourcen, der inneren Helfer bereit stellen, worauf *Scharff* erwidert, dass der Therapeut – gemäß dem Handlungsparadigma – *immer* etwa tue, d.h. auch dann, wenn er sich bescheiden zurücknehme; dann gebe er Raum, zeige Interesse, und er gebe bestimmten Vorgängen Gewicht. Jedoch sei er sich klar darüber, dass nicht alle PatientInnen von einem solchen Angebot Gebrauch machen könnten! *Plassmann* macht sich für die Interaktion stark, indem er betont, dass die endogenen Heilungssysteme beider Interaktionspartner miteinander korrespondierten. Als Grenze zeigt er auf: Was ein Therapeut nicht mentalisieren könne, kann er auch nicht heilen. Aus dem Auditorium stellt *Niklaus Roth* die Frage: Ist das Heilungsprinzip selbstintern oder selbstübergreifend? Weist es auf ein größeres Ganzes hin? Ist es das sterbliche Individuum? Bekommen hier Parapsychologie und vergleichende Religionswissenschaften ihren Platz? Eine Antwort versucht *Hirsch* zu geben, indem er seiner Überzeugung Ausdruck verleiht, dass das Übergreifende unsere Modelle seien – als Abstraktionen der Summe all unserer Erfahrungen und die dadurch entstehenden Spielräume. Umfassend sei, dass in all dies implizit andere Menschen, Gruppen, die Gesellschaft einbezogen sind.

Hochauf greift andere Aspekte in Bezug auf Ressourcenorientierung auf: Nur jemand mit einer halbwegs guten Struktur kann Vergleiche machen; aber nicht alle haben das. Spätere Traumata könne man daher mit Techniken »einstellen« – frühere hingegen nicht, denn bei diesen sei gar kein entsprechender kortikaler Spielraum vorhanden! »Sichere Orte« seien beispielsweise symbolische Repräsentanzen für Tröstliches, können aber nur wirksam sein bei PatientInnen, die tröstliche Erfahrungen haben, auf die sie zurückgreifen können. Es gebe aber existenzielle – z.B. vorgeburtliche – Traumata, bei denen eine solche Repräsentanz nicht vorhanden sei. Anders gesagt: Solchen Patienten »Sichere Orte« vorzugeben, sei bei diesen Patienten nicht möglich, sondern erzwinge bei ihnen eine Abwehrleistung und dadurch eine weitere Traumatisierung. *Reinert* schließt sich diesem Standpunkt an, indem er seiner Überzeugung Ausdruck verleiht, dass es bei Borderline-Patienten so es etwas wie einen sicheren Ort nicht gebe. Man müsse daher auf die Körperebene gehen, sonst erreiche man diese Patienten nicht. Wenn er den Patientinnen (in einem »offenen Setting«) ausreichend Freiraum gebe, würden alle irgendwann in der Regression obligatorisch beim Uterus landen. Gibt man ihnen Gelegenheit zum Malen, dann malten sie den Uterus. Dieses Regressionsstadium sei *der* Wendepunkt in der Therapie. Patienten, die dort angelangt sind, liegen einfach nur da, sie spüren ihren Körper, die »Ruhe der bloßen Existenz«. Ihr sich nun einstellendes Empfinden: »Ich kann in der Anwesenheit eines Anderen existieren, er tut mir nichts, er schützt mich, er gibt mir einfach den Raum, um einfach da zu sein« – das sei der Neubeginn! *Hochauf* fügt präzisierend hinzu, dass diese Patienten *immer* in einer Regression seien, dass man sie daher nur dort abholen könne, wo sie sich in ihrer Regression gerade befänden. Der »sichere Ort« sei das Therapiezimmer – das ist real, und an der Differenz zwischen Realität und fantasierter Sicherheit läuft die Traumabearbeitung ab. Und: Die maligne Regression bestehe im »Bedienen einer Rettungsillusion« – nicht in deren Auflösung!

Scharff resümierte die Diskussion: Wir sind nicht bzw. nie »fertig«, sondern alle »im Prozess«, und wir sind ständig in Dilemmata, die wir nicht überwinden können, mit denen wir leben müssen. Eines dieser Dilemmata ist das Pendeln zwischen therapeutischer Intrusion und Unterlassung – es sei unauflöslich. Ein weiteres, um das wir nicht herumkämen: Wahrheiten, mit denen wir leben, werden immer nur interaktiv ausgehandelt, nie seien sie absolut. So entstünden beispielsweise in der stationären Arbeit mit Patienten andere Wahrheiten, als für den Praktiker, der in der eigenen Praxis arbeitet.

Zur psychoanalytischen Ausbildung stellte *Sachsse* die Frage, was Psychoanalyse eigentlich sei. Er gab selbst die Antwort, dass sie das sei, was Analysekandidaten in der DPV und DPG derzeit lernen und was in ihren Lehranalysen vermittelt werde. Es sei aber klar, dass erfahrene

Analytiker anders arbeiteten, aber offenbar hätten sich diese erfahrenen Kollegen gegenüber den Lehranalytikern der Institute noch nicht durchgesetzt! Und offenbar seien die Resultate solcher Diskussionen wie der hier in Wien – darauf hinauslaufend: Es gibt keine objektive Wahrheit, auch keine psychoanalytische – noch nicht zu diesen Ausbildnern vorgedrungen! Es sei klar, dass auch ausgebildete Psychoanalytiker oft erst nachher – nach Abschluss ihrer Psychoanalyseausbildung – Psychotherapie lernen müssten, was in den Instituten so oft nicht gesehen wird (das herrscht die Meinung: Wer Psychoanalyse gelernt hat, kann alles, denn Psychoanalyse sei ohnehin das Beste)! Eine »offene« Psychoanalyse habe sich zwar in der ambulanten Therapie, aber nicht in der Ausbildungspraxis durchgesetzt.

Poettgen-Havekost wirft ein, dass man Psychoanalyse verschieden definieren kann – am Setting oder an Ausbildungsregularien, und die seien tatsächlich teilweise sehr rigide. Es gibt eine institutionalisierte Psychoanalyse, und die ist gegenüber Öffnung skeptisch. Es gibt aber mittlerweile auch viele interessierte und neugierige Kollegen. Und: Es gibt keine Psychoanalyse als eine für das und das indizierte Methode, sondern es gibt nur ein hochkomplexes intersubjektives Feld. Der Spielraum in Richtung einer Öffnung des Settings wird größer, das spürt man deutlich in Diskussionen auf Kongressen. Die Psychoanalyse sei offensichtlich in Veränderung begriffen. *Reinert* erinnert an einen Satz, den Anna Freud einmal gesagt hatte: Ein Psychoanalytiker ist der, er alles machen darf, aber der auch weiß was er tut – es gehe um ein Verstehen, was ablaufe, und zwar mit Hilfe des psychoanalytischen Instrumentariums. Die Settingerweiterung sei da eine sekundäre Frage; primär wichtig sei, offen zu sein für all das, was der Patient in der Stunde gestaltet – und zur Gestaltung gehöre – auf Seiten des Therapeuten – auch die Einrichtung des Therapieraumes. Für *Plassmann* heißt therapeutische Arbeit auch, die Heilungsprozesse in sich selbst als Therapeut am Leben zu halten, und dies auch angesichts immer schwierigerer Patienten, mit denen wir es zu tun bekommen, wenn wir immer besser werden. Daraus folge eine andere Supervisionspraxis als bisher, die ein Anachronismus sei. Bisher supervidiere man »hinter dem Geschehen her«. Neu wäre, im Moment des Geschehens zu supervidieren! Also »live«! Oder man supervidiert im Nachhinein mittels Video auf der Mikroebene und schaut sich genau die Selbstregulationsprozesse beim Therapeuten an.

Sachsse fragt: Wann schlagen sich solche Diskussionen wie hier auf die Ausbildung nieder? Das sei die zentrale Frage. Wie lange wird es dauern, bis Lehranalysen therapeutischer werden? An dieser Stelle wolle er weiterhin bissig bleiben.

Zum Abschluss kommt nochmals *Niklaus Roth* aus dem Auditorium zu Wort, mit folgendem Statement: Viel sei der Kollege als Therapeut gescheitert, und trotzdem bleibe er optimistisch. Der Optimismus gründe nicht darauf, immer bessere Definitionen zu finden und die Voraussetzungen immer klarer zu bekommen, welche Methoden man wann anwende. Es sei ein Paradox. Alle diese Befunde seien sehr wichtig, im Einzelfall; all dies sei aber genauso problematisch in der Generalisierung. Mit jedem Patienten müsse man weitergehen als bisher. Ob das »Projekt« gelingt, hänge von beiden ab – vom Paar. Es gibt immer ein einmaliges Konglomerat.

Und beide müssen von Beginn an gemeinsam Verantwortung für das Projekt tragen – da müsse man auch den Patienten von Beginn an einbinden!

Anschlussdiskussion zwischen den Autoren dieses Beitrags

Zum besseren Verständnis der folgenden Diskussion möchten wir vorweg einen kurzen Überblick über unseren teils gemeinsamen, teils unterschiedlichen psychotherapeutischen Werdegang geben.

Die Autoren haben sich im Rahmen einer Ausbildung für Bioenergetische Analyse in den 80er Jahren kennen gelernt, wobei alle drei ihre Lehranalyse bei *Waldefried Pechtl* absolvierten. Im Laufe der Zeit bemerkten wir, dass wir zwar eine Menge Wissen im Verständnis der Charakterstrukturen und im »Körperlesen« erworben hatten, dass jedoch das Verstehen des therapeutischen Prozesses sowie komplexer innerer seelischer Dynamiken eine Schwachstelle in diesem Modell war, an der auch regelmäßige bioenergetische Supervisionen nichts ändern konnten. Im Rahmen einer psychoanalytisch orientierten Fortbildung mit *Jacques Berliner* aus Belgien wurde zunehmend deutlich, dass diese Schwäche im Prozessverständnis nicht so sehr an uns selbst lag – was wir jahrelang geglaubt hatten – sondern eher die Grenzen des seinerzeitigen Theoriemodells der Bioenergetischen Analyse widerspiegelten.

Unsere bioenergetischen LehrtherapeutInnen bezogen sich zwar immer wieder auf die Psychoanalyse als Ursprung und Teil der bioenergetischen Methodik, eine differenzierte Betrachtung des v.a. unbewussten Beziehungsgeschehens und den sich daraus ableitenden Konsequenzen für das therapeutische »Miteinander-Tun« im psychoanalytischen Sinne wurde jedoch nicht wirklich vermittelt.

Eine mehrjährige Supervision mit Berliner, an der wir drei und noch zwei weitere Kollegen teilnahmen, brachte uns das psychoanalytische Verstehen, besonders das des zentralen Beziehungskonfliktes[2] und wie dieser sich in der Übertragung manifestiert, näher. Als Folge dieser Supervision gründete sich der AKP. Dieser bildete von da an eine gemeinsame regelmäßige Diskussions- und Weiterbildungsplattform. Seit 1998 wurden unter Führung von PG (anfangs gemeinsam mit Klaus Rückert vom Wiener Psychoanalytischen Seminar) die Wiener Symposien mit dem Titel »Psychoanalyse und Körper« organisiert. Ansonsten beschritten wir jedoch etwas unterschiedliche Wege: PG hat sich nach der Fortbildung bei Jacques Berliner in Form von Literaturstudium und Weiterbildungsseminaren mit Psychoanalytikern auseinandergesetzt, die für Körperpsychotherapie offen waren, wie Tilmann Moser, Günter Heisterkamp und Gisela Worm. Sein Einsatz für die methodische Strömung einer »analytischen Körperpsychotherapie« in Form zahlreicher Publikationen, Fortbildungen und interkollegialer Diskurse führte u.a. zur Gründung der Zeitschrift »Psychoanalyse und Körper« und gipfelt in der Herausgeberschaft eines eigenen Lehrbuches zu dem Thema, das in Kürze erscheinen wird (gemeinsam mit Günter Heisterkamp). CHG unterstützt und berät ihn auf vielfältige Weise in diesen Tätigkeiten und hat sich selbst der langwierigen Ausbildung zur Psychoanalytikerin unterzogen. OHM, vom Grundberuf her Arzt für Allgemeinmedizin

2 Wenn wir hier von »zentralem Beziehungskonflikt« sprechen, bedienen wir uns eines allgemein üblichen Begriffs. Berliner selbst sprach von »Main issue« und meinte damit nicht immer nur Konflikthaftes, sondern das Hauptthema beim Patienten, v.a. auch im Hinblick auf seinen Widerstandsaspekt; insofern war seine Sichtweise verwandt mit der charakterstrukturelle Sichtweise von Reich und Lowen, die den »Charakter« einer Person wesentlich als Summe von Blockaden betrachteten. Berliners Überzeugung war, dass erst die gründliche Durcharbeitung dieses »Main issue« den Blick auf sämtliche übrigen Facetten der Persönlichkeit eröffnete.

mit Kassenpraxis, hat am FPI in Deutschland die Ausbildung in Integrativer Therapie absolviert. Er ist als Lehrtherapeut der Österreichischen Ärztekammer in der Ausbildung der KollegInnen in den Psy-Diplomen für psychosomatische Medizin tätig, interessiert sich sehr für Neurobiologie und kennt die Traumatherapie über eine Weiterbildung bei Luise Reddemann.

Ausgangspunkt unserer aktuellen Diskussion war ein Beitrag von PG im Anschluss an die Tagung, den OHM Korrektur gelesen hat. Wir haben uns – aus Gründen der besseren Lesbarkeit – entschlossen, unseren Dreierdiskurs nicht genau chronologisch wiederzugeben, sondern eher thematisch zu ordnen; der Preis für diese Neuordnung sind einige Gedankensprünge im Verlauf der Darstellung.

PG: Otto, ich bin gerade dazu gekommen, Deine inhaltlichen Korrekturen zu meinem Beitrag anzuschauen. Da geht es in einer Passage darum, dass ich beschreibe, dass meine bzw. die psychoanalytische Vorgehensweise darin besteht, sich den Konflikten und Traumatisierungen des Patienten auch auszusetzen. Das psychoanalytische Arbeit IN der Übertragung besteht genau darin: dass ich mich als Gegenüber den Wirkungen des Patienten aussetze, was die Möglichkeit, mich traumatisieren zu lassen, durchaus einschließt. Du schreibst darauf, dass man sich doch *nicht* traumatisieren lasse – mit Fragezeichen: Oder?

Darauf antworte ich Dir: Doch, sicher! Innerhalb des Arbeitsrahmens sehr wohl! Den legen wir ja bei solchen Patienten dicht genug an (daher ist ein vier- bis fünfstündiges Arbeiten bei bestimmten Patienten u. U. sehr hilfreich!), damit wir diese Traumatisierungen auch in uns als Therapeuten halten können und von Stunde zu Stunde weiter tragen… als Voraussetzung um mit der affektiven Dichte einer solchen Arbeit gut klarkommen. Ich denke da an eine Patientin – eine Italienerin, die zweimal pro Woche kommt, und das ist fast zu wenig – die mich wiederholt traumatisiert (es selbst oft aber gar nicht bemerkt), und ich spüre dann meine eigene Angst, meine Hilflosigkeit, meinen Zorn (er äußert sich z. B. darin, dass ich innerhalb solcher intensiven Übertragungszeiten nicht weiß, ob sie wiederkommen wird, wobei ich in der Dichte der affektiven Involvierung nicht immer klar unterscheiden kann, ob diese Unsicherheit vielleicht auch Ausdruck meiner eigenen Impulse ist, sie zu eliminieren, sie »rauszuschmeißen«), und die Arbeit, die ich zu leisten habe, besteht darin, diese intensiven Gefühle zu *halten* und arbeitsfähig zu bleiben. Also würde ich klar sagen: Ich lasse mich natürlich von dieser Patientin traumatisieren, sicher, und das hat u.a. den Effekt, dass ihre Außenbeziehungen von diesen Traumatisierungen entlastet werden, weil die gesamte Wucht auf mich geht.[3] Nun, die Patientin hat bisher nicht abgebrochen, ist schon an die drei Jahre bei mir, und es entwickelt sich durchaus etwas Positives, aber man kann bei ihr nie ganz sicher sein, wann der nächste Schlag kommen wird.

Ich weiß nicht wie Du das anders definieren würdest – für mich ist klar: Ich lasse mich dabei traumatisieren, denn ich weiß, warum es gut ist, und daher halte ich es aus, »containe« es, ganz im Sinne eines Herunterregulierens von Spitzenaffekten, wie das auch gute Eltern bei ihren Kindern tun würden! Ohne einen genügend dichten Arbeitsrahmen wäre das so allerdings nicht möglich.

OHM: Genau genommen müssten wir uns zuerst nochmals darüber unterhalten, was wir den genauer unter Trauma verstehen und da macht es in der Regel Sinn, zwischen Extremtraumatisierungen, abgegrenzten Realtraumata, verschiedenen Beziehungstraumata bis hin zu traumatischen Atmosphären, etc. zu unterscheiden. Ein wesentliches Merkmal von traumatischem Erleben (bzw. Nicht-Erleben wegen der Dissoziation) sind »freeze and fragmentation«, gefolgt von Gefühlen *extremer* Hilflosigkeit und Wut. Also insoferne beschreibst Du auch für mich *Aspekte* einer traumatisch eingefärbten Beziehung. Unklar bleibt für mich vorerst, ob dies das durchgängige Muster ist, oder ob es nur fakultativ auftritt. Davon jedoch unabhängig würde ich mit Neurobiologie und Psychotraumatologie als Theorie im Hintergrund dieses Muster weitgehend aus der therapeutischen Beziehung herauszuhalten versuchen (siehe Sachsse und Plassmann: zu starker negativer Stress, zu häufige Wiederholung des negativen Musters, etc. erschweren Lernerfahrungen erheblich, oder machen Veränderungen sogar unmöglich, fixieren eher alte Muster). Also die Begründung ist für mich nicht so

3 Eine solch dichte Arbeit IN der Übertragung wurde früher »Übertragungsneurose« genannt; im Zuge einer intersubjektiv orientierten, relationalen Psychoanalyse stimmt dieser Begriff so nicht mehr, da er eine Einseitigkeit zu Lasten des Patienten impliziert. In der Tat ist auch der Therapeut in diesen Prozess intensiv eingebunden.

sehr, weil ich das nicht aushalten würde (auch ich habe einige Langzeittherapien mit einer Dauer von fünf bis sieben Jahren mit – aus heutiger Sicht – komplex traumatisierten Klienten »ausgehalten«) und auch nicht, weil ich glaube, mit Technik etwas Unaushaltbares – wie mit einem Medikament – rasch beseitigen zu können, sondern eben weil mir inzwischen andere Wege bekannt sind, die mir *sinnvoller und wirksamer* erscheinen. Die von Plassmann beschriebenen Mikrotraumatisierungen würden sich ja trotzdem in der therapeutischen Beziehung ereignen, aber vielleicht in einer Form, in der sie einem veränderungsrelevanten Umgang zugänglicher wären. Da besteht für mich also die Verantwortung des Therapeuten darin, solche Muster zu erkennen und zu benennen, als gemeinsame Arbeitshypothese zu formulieren und ihr zu starkes Anwachsen zu verhindern, oder nach Sachsse: pathologische States nicht nur zu triggern, sondern sie auch begrenzen und beenden zu können. Das heißt nicht, dass solche Therapien, vor allem bei KlientInnen mit komplexen Traumafolgestörungen, z. B. vom Borderline-Typ, nicht in der Regel auch mehrere bis viele Jahre in einer Frequenz von ein bis zweimal wöchentlich für substantielle Veränderungen benötigen und auch für den Therapeuten sehr zehrend und belastend sind, aber vielleicht *so wenig wie möglich und nicht mehr als nötig und* mit etwas besseren Ergebnissen.[4] Eine derartige Klientin mit erheblicher, auf den ersten Blick aber nur sehr schwer erkennbarer dissoziativer Selbstorganisation betreue ich seit Jahren. Ursprünglich lief sie unter »phasenhafte Psychose« als Selbstdiagnose der Klientin. Sie ist eine hochintelligente Frau und ich hätte gerne am Beginn dieser Therapie etwas von dem Wissen gehabt wie es mir jetzt zugänglich ist. Derzeit ist es mehr niederfrequente Begleitung als Therapie, aber Du kennst das ja selbst: Wenn sich bestimmte Beziehungs*gewohnheiten* mal etabliert haben, ist es schwer, dies zu verändern).

Was ich bei Dir höre, ist: Es ist für Dich aushaltbar, weil Du eben tief überzeugt einer anderen Hypothese folgst als Heilungsphantasie wie ich. Vor zehn Jahren, oder bei uns auch noch bis vor etwa vier Jahren, hat es zu Deiner Hypothese keine wirklich fundierten Alternativen

4 Die beiden Bücher von Michaela Huber (2003): »Trauma und Traumabehandlung«, Teil 1 und 2. Paderborn; Junfermann. geben da einen guten Einblick, besonders auch in das Störungsbild der dissoziativen Identitätsstörungen.

gegeben. Das hat sich nun geändert und es erhöht dadurch zumindest Deinen Argumentationsdruck.

PG: Zu unserer Diskussion nur zwei, drei Gedanken (ich lasse mal die Frage der genauen Definition beiseite):

Erstens finde ich, man sollte abwarten, wie sich diese neuen Hypothesen in der Tat bewähren. Zehn Jahre sind ja wahrlich keine lange Zeit, also ich glaube, man wird im Laufe der Zeit – und das wird noch dauern – besser abschätzen können, was das Neue bringt und was nicht. Langzeitstudien sind diesbezüglich für mich eine Notwendigkeit, an der nichts vorbeiführt. Ich traue mich aber schon jetzt zu sagen, dass der eigentliche Wirkfaktor dabei wieder einmal der Therapeut sein wird und das Methodische erst in zweiter Linie eine Rolle spielen wird. Ich erinnere diesbezüglich nur kurz an unsere eigenen Probleme, negative Affekte von Patienten und Patientinnen auszuhalten, wie wir in der Supervision mit Jacques Berliner doch klar feststellen konnten. Wir waren diese Form des »Containens« damals überhaupt nicht gewohnt, und man muss das schon auch mal »am eigenen Leib« erfahren haben, um an so eine Form der Arbeit auch glauben zu können. Ich war ja auch im Anschluss an meine Lehranalyse bei Waldefried Pechtl sieben weitere Jahre in einer psychoanalytischen Therapie und habe modellhaft gesehen, wie sie – es war eine weibliche Therapeutin – mit meinen Negativaffekten umgegangen ist.

Also, und zweitens: Ja, ich habe diese Grundüberzeugung, und sie fußt auf sehr vielen direkten und indirekten Erfahrungen und auch Beobachtungen, aber Du kannst sicher genauso viele Erfahrungen und Beobachtungen ins Feld führen, die Deine Überzeugungen rechtfertigen; jedoch war Dein Weg ein anderer, und Du hast Dich eben eher »integrativ« weiterbewegt. Wovon ich im Kern tief überzeugt bin, ist, dass das Wissen um die *Mikroinszenierung* traumatischer Szenen eine entscheidende Wende in jeder langfristigen Therapie bringt – aber natürlich kommen nicht alle Patienten an diesen Punkt. Die Patienten, die diesen Punkt erreichen (meist so nach fünf, sechs Jahren), geraten dann typischerweise in eine depressive Krise. Sie merken, dass *sie* es selbst sind, die all diese traumatischen Szenen mitproduzieren, und das Erkennen, wie man in der Vergangenheit all diesen Mist selbst gebaut hat, bewirkt einen Schock – aber einen heilsamen, weil sich innerlich nun alles neu justiert. Das ist in der Therapie der »Point of no return« – und ihm geht ein kognitiver Sprung voraus, ein Erkennen der eigeninszenierenden Anteile; das ist auch eine affektive Erfahrung – und zwar eine schmerzliche. Diesen »point of no return« und die damit verbundene innere Umorientierung, die einer strukturellen Veränderung gleichkommt, habe ich bei mittlerweile doch bei einer schönen Anzahl an Patienten und natürlich, als Erfahrungsgrundlage meiner therapeutischen Arbeit, auch bei mir selbst erfahren können. Also glaube ich es.

CHG: Meines Erachtens müsste man hier unterscheiden, ob es sich bei der Mitverursachung des immer wieder sich ereignenden »Mists« um eine Inszenierung einer unbewussten Thematik (verdrängter Wunsch, unbewältigte Situation, Beziehungskonstellation etc.) handelt – mit den entsprechenden Abwehrmechanismen (Projektion, Spaltung, Reaktionsbildung, psychosomatischen Reaktionen etc.) – oder ob es sich dabei um ein Triggern traumatischer States, Fragmente mit entsprechenden nachfolgenden Reaktionsweisen handelt. Ich weiß, dass sich das v.a. bei Borderline-Persönlichkeitsstörungen verschränkt, aber ich finde, man sollte das in der Theorie versuchen zu trennen. Bei einer Inszenierung ist es ja möglich, über das Bearbeiten und Bewusstmachen der Abwehrmechanismen den Sinn einer Inszenierung herauszuarbeiten, und diese Bearbeitung ist in der Regel nur möglich in einem Spannungszustand, in dem der/die PatientIn arbeitsfähig bleibt. Und dann trifft das zu, was du, Peter, oben beschreibst: Das Erkennen des eigenen Inszenierens als schmerzhafter, aber fruchtbarer Prozess für Veränderung.

Meines Erachtens läuft das bei wirklich schwerer Traumatisierten nicht so, denn da ist es eben kein *Inszenieren* im obigen Sinn (bei dem der Inszenierende eben noch irgendwie Spielleiter ist) sondern eher ein *Überflutet werden* (in dem man eben von außen getriggert in ein katastrophales Spiel hineingerissen wird, in dem man keine, auch keine unbewusste Spielleitung mehr hat, sondern nur mehr irgendwie reflexartig reagiert), und das ist für mich ein entscheidender Unterschied.

Hier geht es nicht um Widerstandsarbeit, sondern eher um ein »Zusammenflicken« der Fragmente, eine Sinngebung und Bedeutungszuschreibung, und die muss, glaube ich, zunächst eher der/die TherapeutIn leisten, weil das der/die PatientIn nicht kann, auf Grund der dissoziativen Zustände etc..

PG: Ich glaube schon, dass man grundsätzlich von *»traumatischer Inszenierung«* sprechen kann, weil ein Trauma immer auch – wie Jörg Scharff in seinem Referat hervorhebt – in einem Beziehungskontext unbewusst erlebt wird – etwa so: Keiner hat mir geholfen, alle haben mich im Stich gelassen etc. etc.. D.h. – und ich verwende hier die *relationale Sichtweise* wie z.B. Mitchell oder die Intersubjektivisten – es ist also gar nicht möglich, dass ein Ereignis nicht-relational ist. Bezogenheit ist gleichsam ein Apriori, um das man nicht herumkommt (nun, das ist sicher letztlich eine philosophische Position).

Eine für mich Sinn machende Unterscheidung trifft Küchenhoff in seinem Artikel für unser Lehrbuch. Er stellt die hysterische der traumatischen Inszenierung gegenüber, und zwar anhand der Kriterien »Mimesis« (=nachahmende Darstellung) und »Performanz« (=konkrete ausdrucksmäßige Realisierung). Ich zitiere hier die entsprechende Passage:

»*Das Verhältnis von Mimesis und Performanz bestimmt entscheidend die Prognose oder den Erfolg von Therapie.* Es soll anhand eines Vergleichs zwischen hysterischen und traumatischen Inszenierungen beschrieben werden. *Die hysterische Inszenierung ist gerade wegen der Variationsbreite der aktuellen Performanz faszinierend.* Die Inszenierung hat ausgesprochen unbewusste Anteile. Die Inszenierung geht den Intentionen der bewusst erlebenden Person voraus, sie ist erst nachträglich in die bewusste (Selbst)Wahrnehmung einzuholen und für die Erweiterung des Selbstbildes zu nutzen. Da der Ursprung hysterischen Inszenierens nicht in einem Ereignis, das mimetisch durch die Inszenierung immer wieder eingeholt würde, zu suchen ist, sondern in einer unbewussten Phantasie, besteht der mimetische Anteil am hysterischen Verhalten nicht in der Wiederholung von Ereignissen, sondern viel mehr in der Identifikation mit sehr ambivalent besetzten Personen. Die Mimesis richtet sich hier nicht auf ein Ereignis oder Erlebnis, sondern auf die phantasmatische Ausarbeitung einer Beziehungsphantasie. *Ganz anders die traumatische Inszenierung; der Anteil an Mimesis in der aktuellen Körperinszenierung ist hoch.* Es reicht ein kleiner, oft marginal erscheinender Auslöser, um z.B. selbstdestruktive Verhaltensweisen auszulösen. Traumatische Inszenierungen sind wenig spielerisch, hochgradig repetitiv und zugleich wenig steuerbar. Wenn gilt, dass die aktuelle Performanz als Bearbeitung von Erfahrung auf dem Weg der Inszenierung verstanden werden kann, dann ist klar, dass eine traumatische Inszenierung wenig Bearbeitungsqualität hat.« Als Fazit würde ich daher sagen: Von einem »rein biologischen Ablauf« zu sprechen, wie Sachsse das in seinem Vortrag getan hat, und den konkreten therapeutischen Beziehungskontext außer acht zu lassen, wenn traumatische Fragmente angetriggert werden, kann man – wenn man relational denkt – gar nicht ausgehen, denn das gibt es nicht. Die Antriggerung geschieht doch sicher nicht im luftleeren Raum, sondern innerhalb einer Beziehungsmatrix! Mir scheint die von Küchenhoff getroffene Unterscheidung daher, zumindest aus klinischer Sicht, nützlich.

OHM: Ich stimme Dir, Peter, zu, dass das Wissen um die Eigenanteile der Mikroinszenierung traumatischer Szenen bei Klienten mit komplexen Traumafolgestörungen ein ganz entscheidender Faktor ist. Was ich aber auch glaube ist, dass bei diesen Klienten, eine *anfängliche gründliche Psychoedukation* über Trauma und Traumafolgestörungen und ein *konsequentes partnerschaftliches Ringen* um eine tragfähige Arbeitsbeziehung – sie ist bei diesen Klienten meist ständig bedroht – dieses Wissen um den Eigenanteil an der Inszenierung viel rascher prägnant und einer Veränderung zugänglich macht. Jahre braucht es meist trotzdem und anstrengend bis sehr belastend bleibt es, wenn auch m. E. mit diesem Zugang eher wieder im Sinne von »nicht mehr als notwendig«.

Bei »normal neurotischen« Patienten sind aus meiner Sicht fünf bis sieben Jahre Therapie in einer Frequenz von ein- bis zweimal wöchentlich purer Luxus. Gerade da lässt sich unter Einsatz gewisser »Techniken« der Eigenanteil an Inszenierungen schneller, prägnanter und veränderungsrelevanter herausarbeiten als im *fast ausschließlich* übertragungszentriertem Arbeiten, ohne dass dadurch die therapeutische Beziehung selbst funktionalisiert wird, oder zu sehr aus einem medizinischen Modell[5] heraus gearbeitet wird.

5 Mit »medizinischem Modell« ist, wie später noch klarer werden dürfte, folgendes gemeint: Die Rolle des Therapeuten ist dabei die eines »Arztes«, oder »Gurus«, oder zumindest Begleiters. Das heißt, dass diese Rolle also solche im Wesentlichen nicht hinterfragt wird, was die Möglichkeit der Bearbeitung der Übertragung, v.a. der negativen, klarerweise einschränkt. Dem gegenüber steht ein »interaktionelles« Modell, das die Rolle des Therapeuten wesensmäßig als konkreten Interaktionspartner definiert. Die Hinterfragung des Therapeuten – natürlich auf der Basis der Asymmetrie – ist dabei Fokus. Nimmt der Therapeut

Deinen Einwand zu Christines Kommentar kann ich nicht nachvollziehen. Ich finde, sie beschreibt das, um das es im Wesentlichen geht, sehr klar und verständlich. Um nicht aneinander vorbei zu reden, muss man sich auf gewisse Begrifflichkeiten einigen. Und den Traumabegriff gibt es nun mal in weiteren und in engeren Fassungen (ich wähle bewusst den Plural) und es gibt ihn, bezogen auf umgrenzte Realtraumata und bezogen auf oft schwerer fassbare Beziehungstraumata, etc.

Dass ein Trauma immer auch implizit in einem Beziehungskontext steht, im Sinne von: Trauma ereignet sich letztlich dann, wenn von der »Herde« nicht ausreichend Hilfe geleistet wird, bzw. geleistet werden kann (das beste Beruhigungsmittel unmittelbar nach einem Trauma ist Körperkontakt mit wohlwollenden wesentlichen Anderen, und *das ist auch Biologie*), ist m. E. doch irgendwie eine Tautologie.

CHG: Zur »Luxustherapie«: Ich bin ja so ein Luxusfall, denke ich. Es von der Krankenkasse finanziert bekommen zu haben, wäre Luxus gewesen, sie gemacht zu haben, war kein Luxus, sondern ein Segen. Ob ich mit einer anderen Therapieform schneller und anderswohin genau soweit gekommen wäre, wer weiß es! Was ich aber vermute, ein so genaues Wissen um die eigene, auf der eigenen Geschichte basierende Art der inneren Welt, der Geister, Dämonen und ihrer Bändiger, der Helfer, der Denker und Chaoten und was einen sonst noch ausmacht, habe ich schon auch dieser so genauen Auseinandersetzung über so lange Zeit zu verdanken. Und das empfinde ich als großen inneren Reichtum, den man aber eben vielleicht nur kennt, wenn man eine so lange Analyse gemacht hat (ich gestatte mir hier, lieber Otto, einen kleinen Seitenhieb. Schließlich muss ich ja auch meinen »Analyse-State«, mein »kleines Liebes«, jetzt verteidigen!). Vielleicht braucht man das nicht unbedingt so genau zu wissen, um seine Probleme besser zu lösen, oder um etwas besser zu leben (auf »Neurotiker« bezogen), aber ich glaube das Wissen ist in gewisser Hinsicht gröber, weniger differenziert. Was allerdings sehr berechtigt ist: Nicht jeder will das und es ist nicht für jeden nötig für ein gutes Leben. Für manche ist eine

---

schwerpunktmäßig eine solche Rolle ein, werden naturgemäß Erfahrungen anderer Art, speziell solche, die eine Begleiter-Qualität voraussetzen, weniger leicht möglich.

hochfrequente liegende Psychoanalyse auch nicht die günstigste oder sogar keine gute Methode.

PG: Jörg Scharff hat in Lindau bei seinem diesjährigen Vortrag auf einen interessanten Punkt hingewiesen – auf die Ambivalenz, die hinsichtlich dieser Fragen ja in uns allen steckt. Natürlich kenne ich genauso die Stimme, die sagt: Na – stimmt das wirklich alles, so wie ich es glaube? Wäre es nicht besser, so und so vorzugehen (wie Otto es vorschlägt)? Es scheint also eine Entlastungsfunktion zu haben, diese eigene innere Stimme der Ambivalenz für eine Weile in einer anderen Person deponiert zu wissen, und das ist ein vermutlich sehr grundlegendes systemisches Muster, das im Grunde auf einem projektiven Mechanismus zu beruhen scheint. Ich denke schon, dass das kognitive Durchschauen eines solchen Musters (und bis man so ein Muster durchschauen kann und seine Prämissen annehmen kann – das braucht Zeit!) die Wahlmöglichkeit bringt zu sagen, ich führe dieses Muster weiter oder lasse es auch mal, und ich glaube auch, dass das Anerkennen aller Negativanteile in sich selbst einen persönlichen Quantensprung auslöst – und Menschen im Grunde friedlicher macht. Ich selbst bin ja das Kind eines Vaters, den ich als kriegstraumatisiert bezeichnen würde, und obwohl keine Extremsituationen im Spiel waren (z.B. hat er mich nie verprügelt), waren doch traumatisierende Momente zur Genüge im Spiel. Nun, ich habe diese Position erreichen können ohne all die Techniken mit Traumaexposition, inneren Helfern etc., und sicher nicht deswegen, weil ich so großartig schlau bin, sondern weil ich konstant drangeblieben bin an der Sache und weil bei mir ein großes Interesse an diesem Innenleben entstanden ist. Ich glaube, dieses Interesse an sich selbst ist ein Angelpunkt in der gesamten Sache, und manchmal fürchte ich – aber das mag ein Vorurteil sein – dass dieses neue technische Zeugs dieses Interesse nicht unbedingt anfacht, sondern *in seiner Symptomorientierung* eher bremst.

OHM: Natürlich ist die eigene Erfahrung sehr prägend im Positiven wie im Negativen, und es gilt sie einerseits ernst zu nehmen – daraus resultiert ja ein großer Teil unserer Authentizität – und *beides* andererseits aber auch nicht *zu sehr* zu verallgemeinern. Ich selbst habe – soweit mir bewusst ist – abgesehen vom frühen Tod meines Vater in meinem 6. Lebensjahr keinen ernsteren Traumahintergrund, und doch möchte ich z.B. auf eine Reihe innerer Helferwesen als inzwischen selbstverständlichen Teil meines »inneren sozialen Netzes« nicht mehr verzichten, die mir nicht nur in schwierigen Situationen »zur Seite stehen«, sondern mit denen ich immer wieder mal auch Alltag und schöne Situationen »innerlich teile«, noch möchte ich die in der Psychotraumatologie-Weiterbildung vermittelten vielen brauchbaren Anregungen in achtsamer Lebensführung im allgemeinen und im Umgang mit starken, vor allem destruktiven Gefühlen im besonderen missen. Ob letzteres ein nicht unwesentlicher Bestandteil therapeutischen Handelns sein kann oder sogar sein muss, ist natürlich fast schon wieder eine Glaubensfrage.

Also *ein* möglicher erfolgsversprechender Weg bei – wie Du von Dir sagst – *einigen traumatisierenden Momenten* – ist der von Dir gewählte, einen anderen hast Du (*noch*) nicht gemacht. Dein persönlicher Weg mag für viele andere auch gangbar und hilfreich sein, für manch andere und vor allem schwer traumatisierte, und auch für Menschen mit einfachen (was auch immer »einfach« heißt) PTBS vielleicht auch nicht. Bei letzteren scheint frühe Trauma-Synthese relativ rasch eine »Auflösung des Traumanetzwerkes im Ressourcennetzwerk« (vgl. Plassmann) zu ermöglichen. Und das sind dann im Wesentlichen keine Übertragungsheilungen, sondern eben induzierte heilende »Selbstorganisationsprozesse«.

Wenn »dieses neue technische Zeug« dazu benutzt wird, um einer *authentischen* Begegnung auszuweichen, jedes Leid, bzw. den Blick auf negative Anteile (also selbstaggressive Anteile, täterloyale Anteile, Täteridentifikationen und Täterintrojekte) bei PatientIn und TherapeutIn zu vermeiden, dann hättest Du recht.

Vergiss aber nicht, Ziel der »Technik« ist vielmehr entweder traumatischen Stress auf ein *erträgliches* und damit Lernen zugängliches Maß zu reduzieren oder gerade diese negativen Aspekte nicht auszublenden, sondern diese sogar *relativ frühzeitig* zum Thema zu machen, z.B. über *direktes dialogisches* Ansprechen und/oder über Bearbeiten mit dem Ego-State-Modell.

Und ein letztes: auch schwerpunktmäßiges *übertragungszentriertes* Arbeiten *ist m. E. Technik* (ich brauche nicht auf die ausgefeilten bis überblähten Deutungs-Techniken und auf die hitzigen Debatten über die jeweils richtige innerhalb der Psychoanalyse verweisen. Wo geht es da um die menschlichen Seiten der Klienten?), und darüber hinaus eine Technik, die dem Alltagsverständnis von KlientInnen am Beginn gar nicht so leicht zu vermitteln und in ihrem *Modell*charakter auch nicht so leicht auf den Alltag übertragbar ist.

CHG: Dass Du Peter behauptest, auch ohne Traumaexpositionen und all dem »Zeugs« an deinen jetzigen Platz gekommen zu sein, ist meines Erachtens ein Ding der Nicht-Sagbarkeit. Du bist an ein gutes Ziel gekommen, dein Weg war also gut. Aber bist du traumatisiert in dem von mir oben beschriebenen *engeren* Sinn? Und wer kann schon wissen, wohin er mit einer anderen Technik, Methode, mit einem anderen Therapeuten/einer anderen Therpeutin gekommen wäre, ich vermute aber irgendwo anders hin, vielleicht sogar an eine ähnliche Stelle – aber: knapp daneben ist eben auch daneben!

Mit den Ego-States und den inneren Helfern habe ich überhaupt kein Integrationsproblem in mein Denken. Für mich sind Ego-States eine Art innerer Selbstanteile, die man der Anschaulichkeit halber als Figuren verkörpert, die Teile der Geschichte, der Persönlichkeit repräsentieren, also vielleicht so was wie Selbstrepräsentanzen. Für PatientInnen mit diffuser Identität sind sie sehr hilfreich, weil diese Figuren einerseits strukturieren und differenzieren (das sich chaotisch anfühlende Gefühls- und Gedanken-Wirrwarr wird auf klar abgegrenzte Figuren, mit klar abgegrenzten Fähigkeiten und Eigenschaften und Wünschen etc. aufgeteilt und dabei in einen ordnenden Sinnzusammenhang gebracht), und andererseits kann die Projektion nach außen nützlich sein – »Inneres« wird zu »Äußerem«, zu einem Dritten über das oder mit dem PatientInnen und TherapeutInnen reden können. Denn *das Verbalisieren-Können setzt Denken können voraus.* Wenn also eine allzu bedrohliche Spannung durch diese Projektion nach außen auf ein Quasi Drittes reduziert wird, können manche dieser PatientInnen sich besser ihrem Inneren aussetzen.

Die inneren Helfer (das sind doch allerlei Phantasiewesen, oder?) sind zwar etwas magisch, aber ich mag sie, sie zapfen das kreative Potential an für unkonventionelle Lösungen und sind in diesem Sinne dem Assoziieren nahe. Ich verstehe sie auch als personifizierte Fähigkeiten des Ichs, wieder im Sinne einer experimentellen Zerlegung und

Differenzierung des Gesamten, bzw. als Figuren, die für gute innere Objekte (gute Objektrepräsentanzen realer früherer Objekterfahrungen oder imaginierter Objektvorstellungen) stehen.

Hier bleibt allerdings die Frage noch offen, ob durch die *magische* Zuschreibung gewisser Fähigkeiten (Unverletzbarkeit o. ä.) auch gewisse Probleme mit eingekauft werden könnten, wie etwa das Nähren illusionistischer Vorstellungen bei gewissen Persönlichkeitsstrukturen.

Ego-States verwende ich auch in meiner Arbeit, bei zwei Patienten sogar schwerpunktmäßig; Helfer nicht, aber eben, weil ich sie therapeutisch noch nicht so sicher einordnen kann.

OHM: Das ist ein überraschend schönes und überzeugendes Plädoyer für die Ego-State-Arbeit! Was Deine, Christine, Vorbehalte gegenüber *inneren Helfern* anbelangt: Als unterstützende, beschützende, wehrhafte, etc. Figuren entstammen sie dem Bereich der Märchen, Sagen, Mythen, Legenden und aus dem spirituell-religiösen Bereich, sind also auch symbolische, wenn auch eher *kollektive* Verdichtungen und Verkörperungen. Gibt es spirituelle Ressourcen als überindividuelle Sinnstrukturen, so sind diese gerade in den Traumatherapien (aber wie ich meine nicht nur dort) sehr hilfreich. Da ist dann oft eher die Therapeutenvariable der limitierende Faktor, da viele KollegInnen diesen Bereich aus einer Therapie ausklammern. Was den teils magischen Charakter in den übrigen Bereichen anbelangt, so passt dies doch oft gut zu bestimmten Kind-States, oder? Und manchmal braucht es *nur gute* Figuren, um *zunächst* innerlich *allzu Bedrohliches* (also oft auch *irreale* geistige Konstrukte) zu entschärfen und so in ein veränderungsfähiges Toleranzfenster emotionaler Intensität zu kommen, *bevor* wieder das übliche vertraute psychotherapeutische Feld bestellt werden kann. Insgesamt gehe ich jedoch mit der *aktiven* Einführung solcher Figuren eher sparsam und behutsam um.

PG: Vielleicht noch – weil es im Text nur kurz angerissen ist – zu Waldefried Pechtl und Jacques Berliner. Ich sagte, dass wir beide Rollen-Modi – »Begleiterrolle« und Rolle des »Interaktionspartners« – aus unserer eigenen Patienten- bzw. Supervisanden-Erfahrung kennen – daran möchte ich erinnern. Waldefried war für mich *der* typische »Begleiter«, Jacques hingegen hat diese Rolle nie wirklich angenommen, sondern sich immer als Interaktionsfigur zur Verfügung gestellt – allerdings, und da gebe ich Deinem Einwand, Otto, den ich erahne, völlig recht, nämlich zu einseitig. D.h. Jacques hat die Übertragung als Einbahnstraße gesehen, und das sieht man heute in jener Richtung der Psychoanalyse, der ich mich verbunden fühle, überhaupt nicht so.

Wenn vielleicht auch die Begrifflichkeit nicht total deckungsgleich ist, so würde ich weiterhin sagen: Waldefrieds Angebot war eines, das mit dem »medizinische Modell« kompatibel ist. Von der Grundlogik her ist dieses Modell, wie ich oben versuchte aufzuzeigen, *nicht interaktionell ausgerichtet*, weil der Therapeut in seiner Person und auch Rolle dabei an sich nicht oder nur kaum in Frage gestellt wird. Jacques Angebot war dies sehr wohl, wenngleich er die »reale« Interaktion systematisch negierte – *das* war ein – mit Einschränkung – interaktionelles Vorgehen! Und Du hast dabei selbst erfahren können, was in Dir mobilisierbar ist, wenn sich der Therapeut (bzw. »Supervisor-Therapeut«) in dieser Form zu Verfügung stellt! Dazu gehört für mich noch zu sagen, weil es gerade wegen unserer Trauma-Diskussion relevant ist: Das Begleiter-Modell funktioniert ja *nur* dann, wenn interaktive Teile möglichst ausgeblendet oder eben – um es positiver zu formulieren – bewusst ausgelassen werden! Und das wirkt sich auf das gemeinsame Rollenverständnis aus – genau das war das Fatale bei Waldefried: Man konnte die Realanteile und deren interaktiven Aspekte gar nicht mehr als solche erkennen und annehmen, weil – von beiden Seiten her bewusst geplant oder unbewusst – ein Einverständnis darüber bestand, dass diese Realanteile eben *nicht* systematisch angeschaut werden. Und da entsteht dann für mich in gewisser Weise ein Zauberlehrlingseffekt: die Geister, die man gerufen hat, wird man nicht mehr los. *Das* finde ich, ist das eigentlich Problematische bei traumatherapeutischen Angeboten, nämlich dass sie implizit ein Rollenverständnis aufbauen und verstärken, in Einklang mit einem Begleiter-Verständnis des Therapeuten. *Befindet sich der Therapeut einmal in dieser Rolle, wird er vom Patienten auch so wahrgenommen und kann nicht einfach »umsteigen« auf die andere Logik* – und diese andere Logik fußt auf dem interaktionellen Modell. Es ist wie beim Schachspiel: Wenn Du eine bestimmte Eröffnung wählst, gestaltet sich das Spiel in einem bestimmten Fluss, der auf den Eröffnungszügen aufbaut; wählt man eine andere Form der Eröffnung, geht der Spielfluss in eine andere Richtung (es sei denn man folgt keiner Logik, aber dann entsteht Chaos).

OHM: Zu Jacques Berliner: Sein Modell, *an das er glaubte*, war – wie Du richtig sagst – ein sehr asymmetrisches Übertragungsmodell. In seinem *tatsächlichen* Rollen*verhalten* war er durchaus dialogisch-interaktionell ausgerichtet, er stand z.B. für mich vor allem als realer »Reibebaum« zur Verfügung. Seine authentisch-konfrontative Haltung und sein entsprechendes Verhalten haben mir sehr geholfen, Zugänge zu bis dahin verschlossenen Gefühlsbereichen, wie Zorn und Wut, zu finden, mein Harmoniebedürfnis zu begrenzen, mein Helfer-Syndrom zu verringern, Vergnügen an männlichem Kräftemessen zu finden, meine Idealisierung von Waldefried zurück zu nehmen und vor allem meine Angst vor der Nähe mit Frauen entscheidend zu verringern. Er hat mir also viele Entwicklungsimpulse geben können, für die ich ihm sehr dankbar bin, aus heutiger Sicht paradoxer Weise jedoch weitgehend auf Grund eines ganz anderen Wirkfaktors (der Dialog- und Alter-Ego-Ebene, bzw. der Modellfunktion im Umgang mit Aggression in Beziehungen), als er theoretisch vermittelte (d.h. Übertragungsebene und dem Glauben an die Triebtheorie).

Ad Waldefried: Ja, das Problematische an ihm war, dass wohl die Begleiterfunktion *vordergründig* als solche benannt und in allen möglichen Aspekten beleuchtet und die Realbeziehung als Arbeitsbeziehung mit sogar möglicher Freundesbeziehung als Aussicht definiert wurde, aber letztlich beide *implizit* eine ganz andere Dynamik aufwiesen. Zumindest gilt dies – aus heutiger Sicht interpretiert –, was meine persönlichen Therapieerfahrungen mit ihm anbelangt.

Die Begleiter-Rolle in den diversen Übungen war *tatsächlich* eine für mich letztlich unhinterfragbare Guru-Rolle und damit, ebenso wie die Arbeitsbeziehung mit ihrer »als-ob-dialogischen« Qualität letztlich nur ein Mittel, um eine kollusive therapeutische Gesamtbeziehung aufrecht zu erhalten; insgesamt also klassische Double-Bind-Geschichten mit widersprüchlichen Botschaften auf expliziter und impliziter Ebene.

Auf diesem Hintergrund lässt sich nun m. E. auch Deine Kritik am Trauma-Modell entscheidend entschärfen: Die »Techniken« werden nicht nur vom Ablauf her, sondern auch in ihren Wirkprinzipien möglichst verständlich erklärt und es wird *immer wieder* dieses Verständnis überprüft und Zustimmung zu geplanten Vorgehensweisen eingeholt (im Bewusstsein der Problematik, dass beides Klienten oft nur begrenzt möglich ist und sie nur allzu gerne Verantwortung »an den Arzt, den

Therapeuten, den Experten« abgeben. Trotzdem: die vermittelte Grundhaltung einer *geteilten Verantwortung* ist *eindeutig*).

(Wie mehr oder weniger subtil manipulativ ist es da oft in unserer bioenergetischen Vergangenheit zugegangen: »Sei doch nicht so kopflastig und lass dich einfach ein«, war so ziemlich die harmloseste Antwort auf Fragen nach Theorie und Wirkprinzipien.)

Auf dieser Basis wird die Arbeitsbeziehung konsequent als »doppelte Expertenschaft«, im Sinn von: »Zwei Erwachsene kümmern sich um verletzte, traumatisierte, vernachlässigte, etc. Anteile«, verbunden mit einem respektvollen, partnerschaftlichen, dialogischen Umgang miteinander *aktiv* etabliert. Aktiv heißt: Störungen im Sinne von massiveren Trauma- und/oder Übertragungsaspekten dieser Arbeitsbeziehung werden vom Therapeuten, und nach und nach auch vom Klienten von Beginn an beachtet, reflektiert und meist zur Sprache gebracht, damit also entweder sozusagen *direkt im Dialog* bearbeitet oder je nach Situation *indirekt im dritten Raum*. Sie werden dadurch gerade nicht – wie Du positiv formulierst – bewusst ausgelassen.

(Auch davon war zumindest ich in meiner damaligen bioenergetischen therapeutischen Arbeits(?)beziehung ziemlich weit entfernt, wo die starke Idealisierung des Therapeuten nie Thema war.)

Diese Arbeitsbeziehung ist also für mich etwas qualitativ ganz anderes, als wir damals mit Waldefried erlebt haben, der paradoxer Weise auf der expliziten Ebene so viel Wert wie kaum jemand anderer auf ein differenziertes Rollen- und Funktionsbewusstsein legte. Sie ist aber auch qualitativ anders, als Du – in Anlehnung an unsere positiven Bioenergetik-Erfahrungen – mit Begleiter-Modell oder medizinischem Modell beschreibst. Es ist im Wesentlichen das Rollen- und Funktionsverständnis, wie ich es von Beginn an in der Integrativen Therapie kennen gelernt habe und das nun in der Trauma-Therapie eine besondere Akzentuierung erfährt.

CHG: Zu den verschiedenen Rollen als Therapeut: Ich beschränke mich jetzt auf den Umgang mit schwer traumatisierten Patienten, die kein kohärentes Ich haben, Überflutungszustände erleiden, massive Ängste, massive aggressive und destruktive Anteile haben und über wenig Fähigkeiten zur Regulierung, Mentalisierung und Integration aufweisen und archaische Abwehrorganisationen zeigen. Hier in der Übertragung zu arbeiten ist, wenn überhaupt möglich, ein Drahtseilakt, da hier der innere Co-Pilot in der Regel nicht funktioniert und daher die Art und Weise, wie der Patient den Therapeuten erlebt, für die Realität genommen wird. Gleichzeitig ist der Erregungszustand oft so hoch, dass ein Denken schwer möglich ist. Im Analytischen versucht man z.B. durch Benennen des Erlebens und das Einbetten dieses Erlebens in einen Sinnzusammenhang Struktur und Sicherheit zu geben, das »Bedrohliche« durch eine etwas andere Benennung oder eben auch durch dessen Funktionserkennung zu »entgiften«, aushaltbarer zu machen, um dadurch überhaupt miteinander darüber weiter nachdenken, nachforschen zu können. Ich würde hier auch nicht die *Analyse* (Im Sinne von Zerlegung und Arbeit an Einzelteilen zum Auffinden des Unbewussten), sondern die *Synthese* (Zusammenfügen der Fragmente zu etwas Sinnvollem) in den Vordergrund stellen. Hierher gehört auch das »Containen«, das heißt, etwas, dass der Patient an mich heranträgt, zunächst auszuhalten, es umzuformen und in einer Form zurückzugeben, die für den Patienten aushaltbar ist. (Gleichzeitig gibt man dadurch ein Modell für ein Verarbeiten vor.) Um diesen Teil kommt man – denke ich – in der Arbeit mit diesen Patienten nicht herum. Ob er allerdings der tragende Teil, an dem die Heilserwartung festgemacht ist, sein soll oder kann – ich weiß es nicht! Meine Erfahrungen gehen in die Richtung, dass es sehr schwierig ist, mit Abbrüchen gerechnet werden muss, der Erfolg begrenzt bleibt, aber auch, *dass sich etwas verändert, dass für die PatientInnen bedeutsam ist.* Wie das mit Traumatherapie im Vergleich wäre und was meine Personenvariable ist, da bin ich einfach offen, das weiß ich nicht.

Ich bin allerdings mit meinen bescheidenen Kenntnissen der Traumaforschung und Therapie am Ausprobieren. Bei zwei PatientInnen funktionierten die eingebrachten Elemente (i. W. Erklärung der traumaspezifischen Abläufe und Ego-State-Arbeit) nicht oder nicht besonders, bei zwei so gut, dass ich von den Ergebnissen z.T. total überrascht war. Diagnostisch sind drei dieser PatientInnen sicher polytraumatisiert mit z.T. Extremtraumatisierungen, der/die vierte ist für mich diagnostisch unklarer bezüglich Einzeltraumatas, vielleicht geht es eher »nur« um Beziehungs- oder atmosphärische Mikrotraumatisierungen. Hier wäre eine Diskussion, warum mein jeweiliger Zugang so oder so aufgenommen wird, interessant für mich. Auch die Erklärung des traumatischen Verarbeitungsprozesses hatte bei den ersten beiden kaum positive Nachwirkung, bei Patient/In »drei« und »vier« hingegen sehr wohl.

Ich glaube, ich bin bei diesen Patienten beides: Begleiter durch ihr mitgebrachtes Leben *und* Interaktionspartner; Interaktionspartner, wenn *sie* es ansprechen – meistens, wenn eine negative Reaktion auf mich da ist – oder auch, wenn *ich* eine negative Reaktion, eine negative Übertragung auf mich beim Patienten zu bemerken glaube. Dann spreche ich es sofort an, um die negative Übertragung möglichst nicht zu groß werden zu lassen (im Unterschied zum klassisch analytischen Setting bei Neurotikern!). Obwohl *ich selbst* innerlich konstant versuche, die gerade stattfindende Beziehungsdynamik und mögliche Übertragungs-Gegenübertragungs-Elemente zu reflektieren, bin ich sehr vorsichtig im aktiven Einbringen der »Beziehungsanalyse«, also die therapeutische Beziehung selbst zum Arbeitsschwerpunkt zu machen. Ich glaube, das überfordert diese Menschen und man riskiert eher ein Abgleiten in zu pathologische Muster, weil eben die Fähigkeiten zur therapeutischen Ich-Spaltung und zur Affektregulation etc. nicht genügend vorhanden sind. Manchmal nehme ich unsere Beziehung aktiv ins Gespräch, um ein bestimmtes Verhalten im »Hier und Jetzt« mit einem erzählten Verhalten aus dem Leben des Patienten zu verknüpfen, um Zusammenhang und Sinnstiftung anzuregen.

Als Begleiter gebe ich allerdings keine Tipps (Ausnahmen bestätigen die Regel!), gebe aber in Frageform Möglichkeiten vor (z.B.: »Wie wäre es für Sie, wenn Sie das so machen würden…?«), oder ich stelle in manchen Fällen auch Erklärungen (z.B. über die Furchtsysteme) oder Denkmöglichkeiten (z.B.: »Manche Leute können sich auf keine enge Beziehung einlassen, weil sie zu große Angst vor einer neuerlichen Enttäuschung haben«) zur Verfügung, springe quasi einerseits als »Hilfs-Ich« ein und versuche andererseits das Denken und Mentalisierungsprozesse anzuregen. Wie gesagt, hier beziehe ich mich auf die Arbeit mit schwer und chronisch traumatisierten PatientInnen.

OHM: An dieser Stelle unserer bisherigen Diskussion möchte ich zur besseren Verdeutlichung auf Peters Fallvignette einer Kopfschmerzpatientin eingehen und phantasieren, wie die von Peter beschriebenen Phänomene mit der Traumatheorie als Erklärungsfolie etwas anders interpretiert werden könnten und was das für eine Therapieplanung und -gestaltung nach *explizit* traumatherapeutischen Gesichtspunkten bedeuten könnte:

PG: Es handelt sich um eine 50jährige Patientin, die mir von einem Arzt geschickt wurde mit der Diagnose chronischer Kopfschmerz. Der Schmerz dauert seit einigen Jahren fortwährend an, die Ursache war der Patientin unzugänglich, sie unterschied nur mehr zwischen Stunden, in denen der Schmerz erträglich war und solchen, in denen er unerträglich war; organmedizinisch konnte kein Befund erhoben werden.

Körperliches Erscheinungsbild: Es handelt sich um eine kleine Frau, die mich vom körperlichen Aspekt sofort an ein Rumpelstilzchen erinnert – sie ist vom Habitus her pyknisch, wirkt kompakt, wie ein Druckkessel; in der bioenergetischen Terminologie würde man von einer masochistischen Struktur sprechen. Vom Augenausdruck her verbirgt sich hinter einer freundlichen Fassade für mich ein misstrauischer Blick, sie zeigt wenig spontane Lebendigkeit, wirkt im Gesamtverhalten angepasst, ihre Affekte sind stark gehalten. Vom stimmlichen Ausdruck her wirkt sie deutlich gebremst, ihre Stimme ist wenig modulationsreich. Sie ist immer adrett gekleidet, zu ihrem Äußeren kommt mir die Assoziation »sehr sauber«, irgendwie macht sie einen perfekten Eindruck. In den Therapiestunden zeigt sie kaum spontane körperliche Bewegungen, sie sitzt auf dem Stuhl, mit erwartungsvollem Augenausdruck, ihre Atmung ist flach. Anscheinend hat sie kaum Zugang zu ihrem Innenleben, sie versucht im Gegenteil unentwegt einen Anschein von Normalität zu wecken.

Anamnestisch stellt sich in vielen kleinen Schritten folgendes Bild dar: Aufgewachsen ist sie im ländlichen Bereich, sie ist einziges Kind einer Bauernfamilie; die Kindheit sei sehr gut gewesen, alles sei normal verlaufen. Ein einziges Ereignis habe die späte Jugend überschattet und ihr Leben schlagartig verändert: Als sie 18 war, beging ihr Vater, völlig überraschend für alle, Selbstmord, er erhängte sich – warum, weiß bis heute niemand, denn es gab keinen Abschiedsbrief. Die Patientin glaubt, der Vater habe sich umgebracht, weil er unter chronischen Kopfschmerzen (!) aufgrund einer Bleivergiftung gelitten habe. Er sei ein lebhafter, gut aufgelegter Mann gewesen, Probleme habe er nie gehabt; die Mutter sei eine liebevolle Frau gewesen. Nach dem Suizid des

Vaters habe sich die Patientin in ihrem Wesen dramatisch verändert – von einer unbekümmerten Jugendlichen, die das Leben genoss und in der Schule bis dahin wenig geleistet hatte, reifte sie rasch zu einer verantwortungsbewussten jungen Frau, die schon in jungen Jahren Karriere in einer managerartigen Rolle bei einer Firma machte.

OHM: Aufgrund dieser Angaben komme ich zu folgender Hypothese: Es handelt sich um eine Somatisierungsstörung mit ziemlich eindeutigem Traumahintergrund, also um eine einfache PTBS[6] (»einfach« bezieht sich zunächst auf das auslösende Monotrauma, nicht auf die Schwere des nachfolgenden Leidenszustandes!). Am wichtigsten erscheint mir vielleicht die Aussage: Ihr Leben habe sich *ab diesem Zeitpunkt dramatisch verändert!* Sie wirkt wie noch immer teilweise im Schock (wirkt leblos und von ihren Gefühlen abgeschnitten, flache Atmung) und ist bemüht, nach außen die Kontrolle zu behalten und niemanden zu verärgern (man kann die Reaktionen eines wesentlichen Anderen offensichtlich nie voraussagen, also ist Vorsicht, Misstrauen, Kontrolle und Angepasstheit angesagt; darüber hinaus: »Manager-Rolle« als traumakompensatorisches Schema).

CHG: Hier vermute ich eine Verschränkung einer traumatischen und nichttraumatischen Problematik. Ein völlig überraschender Suizid eines Vaters, der als lebhafter gut aufgelegter Mann beschrieben wird, deutet auf eine massive Affektabwehr/dissoziative Haltung des Vaters hin oder eine entsprechende Familiendynamik! Vielleicht war ja auch auf Grund dieser bereits bestehenden Pathologie der Suizid für die Patientin so traumatisch, also die Vorbedingung für das Ausmaß des Traumas. Außerdem könnte man fantasieren, dass auch die Verarbeitung entsprechend schwer war, wenn der Vater wirklich diesen suizidalen Anteil so überhaupt nicht spürte oder zeigte, beziehungsweise – falls es in der Familiendynamik lag – ist anzunehmen, dass auch die Mutter nicht in der Lage war, mit der Situation umzugehen und ihrer Tochter bei der Bewältigung zu helfen. Also denke ich Traumatherapie würde vielleicht zu kurz greifen, und man müsste die zugrunde liegende Beziehungs- und psychodynamische Problematik mitbehandeln. Sonst »pas-

6 PTBS ist die Abkürzung für »posttraumatische Belastungsstörung«.

sieren« in Beziehungen oder gar bei Schicksalsschlägen wieder entsprechend stärkere »überraschende, nicht einzuordnende« Traumata.

PG: Weiter zur Partnerbeziehung der Patientin: Nach einer frühen Affäre mit einem verheirateten Mann, mit dem sie sich glücklich fühlte, ist sie nun seit über zwanzig Jahren verheiratet mit einem alter Jugendfreund, mit dem sie nie wirklich glücklich war. Seit einigen Jahren ist diese Beziehung für sie eine regelrechte Hölle – die Partner leben in einem sadomasochistischen Clinch, keiner kann sich vom anderen lösen. Seit Jahren gibt es kein sexuelles Leben mehr zwischen den beiden. Sie konnte kein eigenes Kind gebären, trotz großen Kinderwunsches. Daher adoptierte das Ehepaar einen Jungen, der mittlerweile 18 Jahre alt ist und alle nur erdenkbaren Probleme macht: Er tut nämlich genau das, was die Patientin sich seit Jahrzehnten nicht mehr gönnen kann – er genießt das Leben. Sie versucht ihn zur Ordnung zu rufen, sie will, dass er beruflich Karriere macht, vermutlich kontrolliert sie ihn – er lässt das nicht zu, rebelliert, entwickelt sich zum Schulversager. Die Patientin ist verzweifelt, erlebt ihr Scheitern, kann nicht von ihm loslassen und auch nicht von ihren Vorstellungen hinsichtlich seiner beruflichen Karriere. Später wird deutlich, dass in diesem *»Nicht-Loslassen-Können«* eine wichtige Quelle für den Kopfschmerz liegt.

CHG: Eine Zwischenanmerkung: Ich hatte vor geraumer Zeit eine Patientin, bei der es auch um ein nicht »Loslassen-Können« ging – ein familiäres Problem mit der Mutter wurde immer wieder auf die gleiche, immer wieder erfolglose Art und Weise zu lösen versucht und es gab keine Alternativvorstellungen, trotz der Erfahrung des Scheiterns jede Woche. Hier spielte auch Affektabspaltung bei beiden Elternteilen eine Rolle, v. a. aber eine Mentalisierungsstörung: Die Patientin konnte, so wie Vater und Mutter, über gewisse Dinge einfach nicht nachdenken, sie brach den Gedankenfluss ab und wechselte auf etwas anderes – ohne es zu wissen! Das mutete fast wie ein implizites prozedurales Regulationsmuster an. Erst durch mein Beschreiben und Markieren ihrer Denkabbrüche konnte sie den Vorgang allmählich bemerken – das war sehr interessant, denn dass hier auch v. a. an dynamisch relevanten Stellen das Denken abbrach war eine Sache, die Art und Weise des Nicht Wissens und auch ein sehr allgemein anmutendes Funktionsprinzip ihres Denkens ließen mich neben Identifikationsprozessen et. al. auch an ein von den Eltern übernommenes Regulationsprinzip denken.

OHM: Als Hypothese fällt mir ein: Es geht bei der Partnerwahl von Peters Patientin möglicherweise darum, sich nicht auch in der Partnerbeziehung etwas Unbekanntem stellen zu müssen, bzw. es geht über den Jugendfreund um die Suche nach alter Geborgenheit. Des weiteren: Stärkeres Gefühlsleben ist nicht möglich, einerseits wegen anhaltendem Schock, andererseits vermutlich wegen aktiver Gefühlsvermeidung. Das dies in ein »Double-Bind« führt, ist also nicht verwunderlich: Einerseits will und kann sie das bisschen an Vertrautheit und Geborgenheit (die mit der unbeschwerten Jugend verbunden ist) nicht loslassen und dadurch einen weiteren Verlust riskieren, andererseits kann sie sich partnerschaftlichen, bzw. leidenschaftlichen Gefühlen aus Abwehrgründen auch nicht öffnen. Zum sadomasochistischen Aspekt: Auch ein Oszillieren zwischen Reizbarkeit, Ärger, Bitterkeit, Wutanfällen einerseits und Gefühlen von Ohnmacht, Hilflosigkeit, großem Selbstzweifel und Schuldgefühlen andererseits wird für die PTBS häufig beschrieben, ich muss also nicht so einen Begriff – sadomasochistisch – bemühen, der doch eine ziemlich negative Konnotation aufweist.

PG: Das verbale Vorgehen in den Sitzungen ist mühsam. Die meiste Zeit sitzt sie da und schaut mich fragend an. Ich glaube, eine Mischung aus Hilflosigkeit und einen gewissen Trotz in ihr wahrzunehmen, mache aber die Erfahrung, dass das Ansprechen derartige Eindrücke keinen positiven Effekt hat, ebenso wenig ein Versuch, die Situation zwischen uns anzusprechen und zu verstehen; sie blickt mich dann meist verständnislos an. Angesprochen auf mögliche Gefühle in ihr antwortet sie meist mit einer glatten Verleugnung – sie spürt weder Trotz noch Hilflosigkeit. Ich werde daher im Laufe der Stunden relativ aktiv, leite das Gespräch mehr, als ich das eigentlich möchte, versuche aus ihr etwas rauszubekommen. Das gelingt mir nur zum Teil, meist blockt sie meine Versuche der Widerstandsbearbeitung erfolgreich ab, aber auch empathische Interventionen blättern an ihr ab wie wenn nichts gewesen wäre. Ich spüre wie sich in mir Anflüge von Ärger einstellen und denke mir, auch zwischen uns beiden könnte sich im Laufe der Zeit ein ähnlicher Clinch entwickeln wie zwischen ihrem Mann und ihr (Ich lasse diese Fantasien in meiner Gegenübertragung zu, auch die aggressiven, weil ich mich ja – aus meiner Logik heraus – als konkretes Gegenüber verstehe und nicht als Begleiter; mit anderen Worten, ich folge der »komplementären« Gegenübertragung und nicht der »konkordanten«.) Sie kommt allerdings sehr pünktlich zu jeder Stunde und hält den Rahmen penibel genau ein.

Ich komme zu folgendem Zwischenfazit: Ich erreiche sie mit meinen Worten nicht. D.h. natürlich nicht, dass diese Patientin mit Worten grundsätzlich nicht zu erreichen wäre, jedoch *ich,* in meiner Subjektivität, finde keine verbalen Zugang zu ihr. Ich spüre innerhalb der ersten Stunden einen wachsenden Druck in mir und denke mir, vielleicht ist das der Druck, den die Patientin erlebt und der bei ihr den Kopfschmerz verursacht (hier stellt sich möglicherweise auch eine konkordante Gegenübertragungsreaktion ein). In meiner Fantasie will ich ihr in den Hintern treten, damit sie in Bewegung kommt und »irgendwie« emotional reagiert. Ich befürchte, wenn wir so weiter machen wird sie irgendwann die Therapie abbrechen, weil aus ihrer Sicht nichts Produktives passiert.

OHM: Also auch schon am Beginn der therapeutischen Beziehung zeigen sich Anzeichen einer fortdauernden Schockreaktion und eines Verhaltens von Gefühlsvermeidung. Das ist nach der Traumahypothese mehr als verständlich, da nichts mehr gefürchtet wird als neuerliche Gefühlsüberflutung. Das heißt aber auch, das Ansprechen empathisch wahrgenommener Eindrücke mit dem Ziel der Gefühlsaktivierung ist eher kontraproduktiv, da dies zunächst aus Sicht der Klientin zu gefährlich wäre: Eine Alternative ist daher die Psychoedukation: ihr bestätigen, wie erschütternd so ein traumatisches Lebensereignis sein kann, sowie allgemeine Informationen über traumatisches Erleben und einen möglichen traumatischen Prozess geben, evtl. schon behutsame Zusammenhänge im Sinne der o. a. Hypothesen einflechten und abwarten, was das für eine Wirkung auf sie hat, ob das für sie Sinn macht.

Das könnte ganz verdichtet und sehr verkürzt folgender Maßen formuliert werden: »Menschen, denen so etwas Schlimmes und tragisches zugestoßen ist, reagieren häufig mit dem folgenden Erleben und Verhalten, und zwar unmittelbar danach mit ... und wenn es ihnen aus unterschiedlichen Gründen, z.B. ... (hier einige Aufzählen, wie beispielsweise: »Blitz aus heiterem Himmel«, fehlende soziale Unterstützung, etc.) nicht gelingt, damit ausreichend fertig zu werden, mit der Zeit mit ... Können sie mit diesen Erklärungen etwas anfangen, macht das vielleicht auch Sinn für ihre Situation *damals* und ihre Situation *jetzt*? ... Und könnte es dann vielleicht sein, das es jetzt in ihnen gewisser Maßen drei verschiedene Anteile gibt? Einen Teil, der noch immer ganz stark unter dem damaligen Ereignis leidet, vielleicht sogar unter Schock steht, einen anderen, der mit aller Anstrengung versucht, Normalität zu leben, bzw. Kontrolle zu bewahren, damit so etwas schlimmes nie mehr passiert? ... Und vielleicht gibt es dann auch noch die unbeschwerte, lebensfrohe Jugendliche vor dem Ereignis. Vielleicht sind es nur Momente, an denen diese sozusagen auftaucht, vielleicht ist sie auch nur ganz im Hintergrund spürbar, weil diese Jugendliche glaubt, nach so einem tragischen Ereignis kann und darf man nie mehr froh sein? ... (dies auch als Beispiel einer möglichen Einführung in die Ego-State-Arbeit).

Das heißt aber auch für meine Gegenübertragung: mit der Traumahypothese im Hintergrund würde mich vermutlich dies in der therapeutischen Situation weniger dazu bringen, auf ihre Hilflosigkeit aggressiv zu phantasieren (ihr in den Hintern treten wollen), sondern eher Verständnis und Mitgefühl wachrufen. Am ehesten würde ich Ärger und Zorn evtl. als noch abgespaltene Gefühle dem Vater gegenüber interpretieren, der sie auf diese Weise zutiefst verletzt hatte. Das würde ich in der Regel aber sicherlich erst zu einem späteren Zeitpunkt explizit einbringen. Wonach ich aktiv Ausschau halten würde, ist, nach Schuldgefühlen zu suchen, da diese bei Hinterbliebenen von Suiziden häufig vorkommen. Und natürlich ginge es auch schon zu diesem frühen Zeitpunkt darum, wie denn das soziale Umfeld, besonders die Mutter, reagiert hat, da dies in der Ausbildung einer PTBS eine wesentliche Rolle spielt. Also da wäre bereits relativ früh behutsames aktives Nachfragen angezeigt.

CHG: Zum Schuldgefühl: Ich gehe mal weiter von der Hypothese einer »falschen« Atmosphäre aus, in der Gefühle der Eltern zwar vom Kind irgendwie wahrgenommen werden, von den Eltern aber verleugnet/selbst nicht gespürt werden oder nicht verbal zugegeben werden können. Hier entstehen bei Kindern bei allen bemerkten negativen Affekten der Eltern naturgemäß leicht Phantasien, dass es etwas mit ihnen selbst zu tun hat, warum z.B. Papa so gereizt ist – es wird ja nicht klargemacht und verbal einem Grund zugeordnet und damit für das Kind auch verständlich und strukturiert. Es entstehen also ständig bedrohliche Phantasiewolkenerklärungen im kindlichen Kopf, die ihrerseits nicht ansprechbar sind und sich wie die Kumuluswolken auftürmen und zu Schuldgefühlen führen. Bei einem Suizid wie hier können die oft auftretenden, verständlichen Fragen einer Mitschuld innerlich mit einer massiven Schuldzuschreibung beantwortet werden – das würde ich auch vermuten.

PG: Aus dieser bereits in den ersten Stunden sich einstellenden Konstellation entschließe ich mich hier, meine interaktive Logik zu verlassen und mit der Patientin etwas anderes zu versuchen – nämlich ein Stück »Körperarbeit«. Die vielen Fragen und Bemerkungen, die ich ausprobiert habe, lassen in mir den Eindruck entstehen, dass ein »interaktives Vorgehen« bei dieser Patientin, zumindest in der von mir gewählten Form, nicht weiterführt. Also entschließe ich mich, den Körper versuchsweise als Mittel einzusetzen, um bei dieser Patientin vielleicht, über den angebotenen Halt, einen regressiven Prozess in Gang zu setzen und damit ein »Berührt-sein« auf der Gefühlsebene zu bewirken (wie das bei Patienten mit psychosomatischen Problemen oft genug »funktioniert« hat). Aus klassisch psychoanalytischer Sicht würde man einen solchen Versuch natürlich als Gegenübertragungs-Agieren und als ein Unterlaufen des Widerstandes ansehen; und aus der Perspektive einer psychoanalytischen Behandlungslogik wäre ein solcher Einwand sicher zutreffend. Analytischen Körperpsychotherapie, die ihr Setting von Anbeginn an als »offenes Setting« definiert, sieht jedoch in der Nutzung der körperlichen Ebene und damit verbundener aktiver Interventionen seitens des Therapeuten unter bestimmten Umständen – und die Patientin scheint mir so ein »bestimmter Umstand zu sein« – eine zusätzliche Möglichkeit vor, um »etwas zu bewegen«, d.h. einen regressiven Prozess in Gang zu setzen, der das Arbeitsbündnis zunächst stärkt und uns dadurch für die weitere Arbeit mehr Zeit verschafft.

OHM: Also an der Stelle wäre eben – mit einer Traumatheorie im

Hintergrund – nochmals Psychoedukation und natürlich Stabilisierung mit ressourcenorientierten Methoden angesagt. Bei der von Dir, Peter, vorgestellten Klientin wage ich zu vermuten, dass bereits diese Zugänge einiges an Lösung hätten bewirken können.

Und wenn diese Stabilisierungsphase genügend gefestigt wäre, stünde – bei eindeutigem Zustimmen der Klientin – Trauma-Synthese, bzw. Trauma-Konfrontation an, mit welchem Verfahren auch immer (Beobachter- und Bildschirmtechnik nach BASK-Modell, EMDR, etc.). Auch danach noch eventuell verbleibende Kopfschmerzen könnten damit in den Fokus genommen werden.

Die von Dir, Peter, beschriebene nachfolgende körpertherapeutische Sequenz hätte da als »bottom-up«-Methode dann durchaus ihren Platz. Sie sozusagen *primär* einzusetzen, würde man – wegen des möglicher Weise symbolisch angelegten Kontrollverlustes (Kopf loslassen und einem anderen anvertrauen) – sehr zurückhaltend sein. Dass es gut gegangen ist, spricht für eine relativ gesunde und stabile prätraumatische Persönlichkeit und für die bereits bestehende tragfähige therapeutische Beziehung.

PG: Da ihr Kopf (und – nebenbei bemerkt – der meinige auch…) voll von schweren Gedanken zu sein scheint, biete ich ihr also an, ihren Kopf für eine Weile zu halten und erkläre ihr das Vorgehen: Sie möge sich, wenn sie einverstanden sei und etwas ausprobieren wolle, auf die Matratze legen, und ich würde hinter ihr sitzen, ihren Kopf halten, und sie brauche für eine Zeit lang gar nichts zu tun. Die Patientin ist zunächst überrascht über dieses Angebot, willigt aber nach einem kurzen Nachdenken ein. Sie legt sich auf die Matratze, liegt am Rücken, ich sitze hinter ihr und halte ihren Kopf in meinen Händen; ich sage kein Wort, sie auch nicht. Ein paar Minuten scheint gar nichts zu geschehen. Ich bemerke, dass sie kaum zu atmen scheint. Dann beginnt sich die Situation allmählich zu verändern. Erste Anzeichen sind Geräusche aus ihren Gedärmen, die mir andeuten, dass auf tief emotionaler Ebene »etwas geschieht«. Kurze Zeit später merke ich in ihrem Gesicht, dass sie offensichtlich gegen Tränen ankämpft. Schließlich setzen sich die inneren Impulse gegen die Abwehren durch, und sie beginnt zu weinen, wenn auch ein wenig verhalten.

Nachher erzählt sie mir, der Kopfschmerz habe zunächst stark zugenommen, und ihr sei das Bild gekommen von Reisnägeln, die sich aufstellen – auf bewusster Ebene sei ihr der Halt jedoch angenehm gewesen. Die Tränen hätten sie komplett überrascht, sie habe keine Ahnung, woher sie kommen, sie könne mir ihnen überhaupt nichts verbinden. Dennoch hat diese Sitzung in den nächsten Wochen einen starken Effekt auf sie: öfter ist sie aufgewühlt, deutlich spürt man, dass sie wenig widerständig ist als zuvor. Das Arbeitsbündnis scheint sich deutlich verbessert zu haben, und es kommt mehr »Material«. So wird, rund um den traumatischen Selbstmord des Vaters erstmals deutlich, dass ihr damals eine starke und Halt gebende Mutter gefehlt habe, um selbst mit dem Trauma fertig zu werden – im Gegenteil: Sie, die Tochter, war es, die ihre Mutter stabilisiert hatte. Und so ändert sich langsam das Bild von ihrer Mutter, und beginnt zu ahnen, dass ihr selbst mütterlicher Halt fehlte und sie sich als Reaktion auf dieses Manko zu einer Frau entwickelt hatte, für die Leistung, Kontrollbedürfnis und Wille die tragenden Lebensprinzipien wurden. Ohne auf genauere psychodynamische Zusammenhänge hier weiter einzugehen, sei angemerkt, dass sich die Kopfschmerzen der Patienten im Laufe der nächsten zwei, drei Monate deutlich besserten.

CHG: Dazu ein paar Gedanken: Dein Angebot, Peter, könnte die Patientin als Angebot verstanden haben, dass du bereit bist, eine schwierige Last (die schweren Gedanken) gemeinsam mit ihr zu tragen. Ausgehend von meiner Hypothese, konnte das die Mutter/die Familienmitglieder nicht/nicht ausreichend, da es keinen gemeinsamen sprachlichlichen und »containenden« Raum für belastende Gefühle und Gedanken gab. Aber vielleicht gab es diesen Raum in einem ganz konkreten körperlichen Bereich eben doch, z.B. wenn das Kind ein »Weh« am Knie hatte oder Bauchschmerzen etc. Vielleicht gab es da eine helfende körperliche Interaktion, wie das Kind hochnehmen, es trösten, ein Pflaster etc.

Und dann hättest du diese »Ressource« oder »gute Teilobjektrepräsentanz« angezapft und mit dieser Interaktion gleichzeitig eine Brücke geschaffen. Mit einer vorhandenen guten Beziehungserfahrung im Körperlichen (»Kopf halten«) bietest du ihr auch – zunächst implizit – Halt für das Seelische (die schweren Gedanken). So wäre mir erklärbar, dass nun auch das Seelische mehr »zwischen euch« und in den verbalen Dialog kommen konnte.

Hier noch ein Beispiel zur Frage, wie man die innere Bühne psychoanalytisch verstehen kann und wie sie vielleicht wirkt. Dies möchte ich anhand eines Patienten darstellen, der mir gleichzeitig die Grenzen unserer psychoanalytischen Arbeit aufzeigte:

Es geht um eine Erfahrung mit Hr. M., einem Klienten, der seit fünf Jahren bei mir in Therapie ist, ursprünglich zwei Mal pro Woche, seit ein paar Monaten ein Mal pro Woche. Ich sehe ihn strukturell als Borderline-Persönlichkeitsstörung mit seltenen Episoden von affektivem bis auch halluzinatorischen Durchbruchscharakter. Er erlebt sich dann wie eine andere Person, es kommen Sätze aus ihm heraus, die er im Moment des Erlebens als ausgesprochene Wahrheit erlebt, später aber nicht in sein Leben einordnen kann. Im Wesentlichen haben diese Sätze ein »bedroht sein« oder »bedrohen« zum Inhalt und stehen immer in Bezug zu einer bestimmten Person seiner Kindheit. Der Patient kann sich jedoch an keine zu diesem Erleben passenden Vorkommnisse erinnern, nur an Wartephasen in einem Zustand des »Ausgeschaltetseins« und des »Die-Zeit-Durchtauchens« beim Aufenthalt bei dieser Person.

In der Therapie war die Bearbeitung der vorhandenen inneren feindseligen und destruktiven Anteile, die sich massivst in seiner Interpretation von sozialen Situationen spiegelte, nur sehr schwer möglich.

Mit ihm habe ich nun mit der »Inneren Bühne« eine sehr interessante Erfahrung gemacht. Ich habe diese Bühne vor drei Monaten mit ihm gemeinsam bevölkert (also mit den verschiedenen inneren Teilen, der vernünftige M., der verführerische M. der perfekt-wunderbare M., der Zerstörer, der private M., der Manipulierer etc.).[7] Es fiel ihm überraschend leicht, diese Teile zu differenzieren, zu benennen und später eigene Handlungen, Erlebensformen und Denkvorgänge diesen Teilen zuzuordnen. Mir war es in der Arbeit damit v.a. wichtig, die *Funktionen* dieser Teile für sein Leben mit ihm herauszuarbeiten und bei den von ihm nur als bedrohlich, negativ und ich-dyston erlebten Anteilen auf die auch darin liegenden Fähigkeiten zu verweisen. Neben der Klärung wollte ich mit ihm die hier zum Ausdruck kommende Abspaltung dabei mitzubearbeiten – auch im Sinne von Reddemann: Den Drachen

7 OHM: Eine gute Anleitung zu diesem »Bevölkern der inneren Bühne« findet sich bei Huber, M: (2005): Der innere Garten. Ein achtsamer Weg zur persönlichen Veränderung. Paderborn; Junfermann (enthält auch Übungen mit CD). Dieses Büchlein ist auch als Empfehlung für Betroffene geeignet.

zu töten ist die letzte Notlösung, besser, man kann mit ihm ins Gespräch kommen und ihn so verändern, dass er seine Aufgabe in weniger schädigender Weise ins Gesamtsystem einzubringen vermag. Das hat überraschend gut geklappt. Wir arbeiten kontinuierlich damit, und es scheint für ihn die Konfrontation mit den eigenen Teilen durch diese Externalisierung weniger bedrohlich und dadurch machbarer geworden zu sein. Gleichzeitig war ich überrascht, wie manche dieser Anteile so ganz neue Facetten preisgaben, neue Blickwinkel, neue Erkenntniszusammenhänge ermöglichten, und zwar gerade in Bezug auf seine destruktiven Teile. Mit diesem Patienten war es und ist bis jetzt nicht möglich, in der Übertragung zu arbeiten, auch die Innenschau und gemeinsame Reflexion war sehr schwierig und oft verwirrend und sichtlich bedrohlich für ihn.

Da wirkte diese Entlastung durch diese »Innere Bühne« und auch mein etwas anderer Umgang im Gespräch (da hab ich mir etwas von Reddemann abgeschaut) sehr hilfreich.

Ob er traumatisiert im Sinn von Extremsituationen (Missbrauch/Gewalt) ist, was man bei diesen Durchbrüchen ja vermuten könnte, oder ob diese Sätze mehr Ausdruck einer unfassbaren Wut sind, die durchbricht, oder ob es sich sogar um psychotische Episoden handelt und diese in Zusammenhang mit den sicher vorhandenen Beziehungstraumata stehen, kann ich nicht sagen.

OHM: Ich kenne mich bei dem von Dir, Christine, beschriebenen Störungsbild aus persönlicher Erfahrung (mit Ausnahme der weiter oben erwähnten Klientin) nicht gut aus, von meinem theoretischen Wissen her[8] weist alles in Richtung *Dissoziativer Identitätsstörung* DIS, bei der Ego-State-Arbeit besonders gut wirksam sein soll. Du bestätigst gewissermaßen dies unabhängig davon.

Bei der von mir erwähnten Klientin, die ich aus heutiger Sicht zumindest unter *»nicht näher bezeichnete dissoziative Störung«* NNBDS einordnen würde, gibt es eine spannende aktuelle Entwicklung. Bereits vor etwa drei Jahren (also im vierten Jahr meiner Begleitung!), als sie

8 Diesbezüglich beziehe ich (OHM) mich auf: (Reddemann, L., Hofmann, A., Gast, U. (2004) (Hg): Psychotherapie der dissoziativen Störungen. Thieme (Stuttgart, New York).

für mich überraschend mit dem Anliegen kam, von nun an mit einem anderen Vornamen angeredet werden zu wollen (was sie in der Folge im privaten Bereich auch verlangte), hätte ich diesbezüglich sehr hellhörig sein müssen. Aber man »sieht« offensichtlich nur das, wofür man über eine plausible Theorie verfügt (Das Umgekehrte gibt es auch: Ein zuviel an, bzw. eine »falsche« Theorie lässt dich »Dinge« finden, die es real vielleicht nicht oder zumindest nicht in der vorgestellten Form gibt!) Nun, in der vorletzten Sitzung habe ich sie behutsam mit meiner neuen Sichtweise vertraut gemacht und die Frage aufgeworfen, ob das evtl. ein Weg sein könnte, ihr zu helfen (etwas Ego-State-Arbeit hatte ich in den letzten zwei Jahren mit ihr immer schon gemacht, aber nicht in der Konsequenz, wie es die neue Hypothese nahe legen würde). Ihr, zu dem Zeitpunkt vordergründiger Anteil hat diesen Vorschlag sehr abwertend vom Tisch gewischt – das sei für sie ein viel zu naiver Ansatz – also eine Abwehrreaktion, die ich von ihr bei auch vorsichtigem konfrontativen Vorgehen bereits von früher kannte. Die letzte Sitzung präsentierte sie sich ganz vergnügt, es gehe ihr gut und sie möchte daher die Therapie *wieder einmal* bis auf weiteres Aussetzen. Zehn Tage später rief sie mich an, um mich nach dem Titel des Buches über die DIS zu fragen, weil sie es doch lesen möchte, und ob ich nicht einen neuen Termin für sie hätte. Es bleibt also spannend.

CHG: Ein letztes: Ich habe vor zwei Jahren eine fünf Jahre dauernde hochfrequente Couch-Analyse mit einem jungen Mann beendet, und es war ein sehr berührendes Erlebnis: Auf seinen Wunsch verbrachten wir diese letzte Stunde sitzend, sodass ich ihn nach so langer Zeit wieder einmal im Gegenüber erleben konnte.

Ich war berührt von dem Wandel, der in all den Jahren passiert war. Ich erinnere mich noch an seinen unsteten Blick; damals, ganz am Beginn unserer Arbeit war er ängstlich und starr im Blickkontakt. Während der Analyse war ich mir oft unsicher, ob ich nicht besser im vis-à-vis hätte bleiben sollen. Die Arbeit war schwierig, und da waren viele passive Teile und sehr diffuse Grenzen zwischen seinem Selbst und den anderen. Gerade in den kurzen Begegnungen vor und nach der Stunde blieb er sehr befangen. Umso größer war meine positive Überraschung, wie dieser junge Kerl mir gegenüber saß und sein Blick ruhig auf mir ruhte. Es war wirklich sehr berührend (und nebenbei bemerkt, saß da nun ein junger Mann zum Verlieben!). Man könnte natürlich, vielleicht mit Recht, sagen: Na ja, das wäre anders auch oder schneller gegangen. Aber ich glaube, gerade diese lange Zeit und letztlich sein Entschluss, die Analyse zu beenden, waren enorm wichtig für seine Veränderung.

Es stimmt, Otto: So eine Analyse ist schon ein Luxus, aber in seinem Fall glaube ich ein sinnvoller, und ich merke, dass es auch für mich etwas Besonderes war. Eigentlich hat mich das Ende dieser Analyse wieder mehr überzeugt, dass ich auch hochfrequenten Couch-Analysen weiterhin einen Platz in meiner Therapiewelt geben will.

EMDR und Körperpsychotherapie: Ein neuer Zugang zum salutogenen Prozess

Rudolf Müller-Schwefe

Zusammenfassung: Erfolgreiche Therapien stoßen einen autonomen, inneren Selbstheilungs-Prozess an, der vorher nicht oder ungenügend bewältigte Erfahrungen verarbeitet. Der hier salutogen genannte Prozess wird besonders deutlich in der EMDR-Traumatherapie, die mit kurzen Beispielen vorgestellt wird. Modelle der Wirkungsweise dieser Methode werden diskutiert, um zu einem präziseren Verständnis des salutogenen Prozesses zu kommen. Dabei wird die Bedeutung der EMDR-spezifischen bilateralen Stimulation und ihres hier aufgezeigten und vorgestellten Potentials ebenso klar wie die Notwendigkeit von Ressourcen oder Selbstkompetenzen, für deren Aufruf und Entwicklung eine körperpsychotherapeutische Vorgehensweise von besonderem Nutzen ist. In vier Schritten werden die spezifischen Bedingungen für die Ermöglichung des salutogenen Prozesses beschrieben, der nicht nur in der Traumatherapie Verarbeitung und Selbstheilung bewirkt: 1. Aktivierung und Entwicklung von Selbstkompetenzen, 2. Aufruf und Öffnung dysfunktionaler Schemata, 3. Auslösung und Anregung des Verarbeitungsprozesses, 4. Integration und Gleichgewicht.

Schlüsselwörter: Salutogener Prozess, Trauma, EMDR, Körperpsychotherapie, Informationsverarbeitung, Traumatherapie.

Summary: EMDR and Body-Psychotherapy: a new approach to the salutogenic process. Successful therapies stimulate an inner, autonomous process striving towards health, assimilating experiences the individual could not master before. This essentially self-healing process appears to be prominent in EMDR trauma-therapy. Models of the inherent mechanism are discussed in order to develop the understanding of the self-healing process. Bilateral stimulation and its great potential (some expanded possibilities are introduced here) appear to be as important as the utilization of body-psychotherapeutic perspectives and interventions in order to facilitate and develop the necessary resources. Four steps describe the conditions rendering possible a process that can be helpful not only for traumatherapy: 1. activation and development of self-competences, 2. evocation and opening of dysfunctional schemata, 3. automatic release and stimulation of the processing, 4. integration and equilibrium.

Keywords: Salutogenic process, trauma, EMDR, Body-Psychotherapy, information processing, traumatherapy.

»Ich weiß, dass ich es bin, die sich entwickelt, aber es ist als gäbe es etwas in mir, das einfach voranschreitet, durch Tiefen und Höhen und mit Ausblicken ins gelobte Land – ob ich will oder nicht. Ich und du, wir können eigentlich nur zuschauen und versuchen, es zu verstehen.« Eine Klientin

1. Der salutogene Prozess

Der Erfolg therapeutischer Arbeit ist nicht als Folge einer Reparatur zu verstehen, sondern verdankt sich eher der Anregung und Unterstützung eines Entwicklungs-, Selbstheilungs- oder salutogenen Prozesses: diese Auffassung gehört zum gemeinsamen Grundverständnis verschiedener psychotherapeutischer Ansätze und Schulen. Wie wir uns diesen Prozess aber vorstellen können, den wir auslösen, anregen, korrigieren, beschleunigen oder vermitteln wollen, wird selten genauer beschrieben oder gar definiert, obwohl das Verständnis von (Selbst-)Heilung und Gesundung mindestens ebenso im Zentrum therapeutischer Arbeit stehen sollte wie unser Wissen um Funktionalität und Pathologie.

Natürlich gibt es Erfolge in der Psychotherapie und Körperpsychotherapie, ohne dass ein solcher Prozess oder seine Wirkung erlebt, beobachtet oder konzeptualisiert wird – durch eine Veränderung der Lebensweise, Einsicht, Selbstbeeinflussung oder (Verhaltens-) Training. Allerdings muss mit Verschiebungen der Symptome oder ihrem Wiederaufleben nach Remissionen gerechnet werden. Und mit einiger Wahrscheinlichkeit bleibt das Gefühl, einen tieferen, inneren Prozess »in Schach halten« zu müssen. Hier wird die Ebene der Gegenüberstellung von Psyche und Soma oder die einer bewussten Kontrolle unbewusster Impulse und vegetativer Prozesse nicht verlassen. Wenn der Veränderungsprozess andererseits als autonom und innerlich erlebt wird – wie im Eingangszitat einer Klientin – lässt sich eine psychosomatische Besserung oder Heilung beobachten, die über gute Trainingsresultate und eine Habituierung hinausgeht. Die Veränderung ergreift spontan die zentralnervöse und vegetative Ebene, nicht selten begleitet vom inneren Staunen der Klienten. Psyche und Soma erscheinen als funktionale Einheit, Kontrolle und Steuerung versöhnt mit unbewussten Impulsen und vegetativen Prozessen. Warum?

Antonovsky (1997) hat in seinem Konzept der Salutogenese als wesentlich für den Erhalt und Gewinn von Gesundheit ein »Kohärenzgefühl« (sense of coherence) postuliert, das sich aus dem Gefühl der Verstehbarkeit, Bedeutsamkeit (Sinnhaftigkeit) und Handhabbarkeit des Lebens speise. Danach ließe sich der salutogenetische als ein Prozess verstehen, der vom Streben des Organismus nach einer »selbstwirksamen Lebenskompetenz« motiviert ist: dem inhärenten Impuls oder Antrieb, sich dem Leben gewachsen zu zeigen, dieses zu fühlen und – anders herum – Hilflosigkeit zu vermeiden. Mentzos (1984) hat darauf hingewiesen, dass der salutogene Prozess zwar als autonom, aber keineswegs als autark angesehen werden kann: Über- und Schutzreaktionen führen wie Entzündungen zu sekundären Konflikten und Schutzhaltungen, die in der Therapie bearbeitet werden müssen. Es sind dabei nicht nur Abwehrreaktionen, deren »Umstimmung« oder Öffnung für die Gegenwart heilsam sein kann. Denn in den Symptomen manifestiert sich auch das Abgewehrte, das nach Ausdruck drängt: Impuls und Abwehr sind beide Teil des Selbstheilungsprozesses, der seinerseits als Ausdruck eines grundlegenderen Strebens nach Wachstum, Vollendung (Perls), Selbst-Aktualisierung (Rogers), Selbstregulation (Reich) oder Bewältigung verstanden werden kann. Der »wilde Analytiker«, frühe Psychosomatiker und eigentliche Erfinder des »Es«, Georg Groddeck, hatte schon beobachtet, dass »die meisten Patienten einen Teil zu haben schienen, der entscheidet, wann sie krank und wieder gesund würden, und nannte diesen ES« (Pearce, 2001, S.1). Da Groddecks ES, im Unterschied zum Freudschen, als Prozess verstanden wird, braucht es weniger die Bewusstwerdung als vielmehr *Raum* und *Bewegung* für seine Wirkung. Im Selbstverständnis der Körperpsychotherapie wird beides in und mit den Grenzen der therapeutischen Beziehung ermöglicht: wir folgen dem »Prozess« und schaffen eine »vorbereitete Umgebung« (Montessori) für seine Entfaltung. Der Prozess »nimmt die Abwehr mit«, denn sie ist nichts anderes als der vor Schreck verengte, unterbrochene und in der Zeit stehen gebliebene, sich wiederholende Impuls eines Organismus, der sich schützen und das Gefühl haben will, dem Leben gewachsen zu sein.

Seit den frühen 90er Jahren gibt es eine zunächst für posttraumatische Störungen entwickelte Therapie, die genau diesen Prozess nicht nur thematisiert und anstößt, sondern wesentlich beschleunigt und durch ihre Wirkung präziser verständlich machen kann: EMDR (Eye Movement Desenzitation and Reprocessing). Gleichzeitig lässt sich dieser Ansatz besonders gut, so meine ich, in die Körperpsychotherapie integrieren. Dies habe ich selber als Chance erfahren, Therapien effektiver werden zu lassen.

2. Traumatherapie und EMDR

Nach einigen Jahren Arbeit mit EMDR habe ich bestätigt gefunden, dass vor allem eine PTBS erfolgreich und in vergleichsweise sehr kurzer Zeit behandeln werden kann. Darüber hinaus habe ich in der Integration dieser Methode in die Körperpsychotherapie einen effektiven Zugang zu dem gefunden, was ich als salutogenen Prozess verstehe: die spontane, selbsttätige Entwicklung, Wiederherstellung und Stärkung der Lebenskompetenz, das gefühlte und gewusste funktionale »Fließgleichgewicht« (Piaget) von Wirkmacht und Anpassung. Wird dieser Prozess angeregt, kommt es zur Integration abgespaltener physischer, affektiver und kognitiver Schemata. Die abwechselnde, bilaterale Stimulierung aus der EMDR-Arbeit kann im Kontext einer Körperpsychotherapie den therapeutischen Prozess erheblich beschleunigen, vertiefen und integrieren helfen. Gleichzeitig trägt der Versuch, die zuweilen erstaunliche Wirkung dieser Arbeit zu verstehen, zur Klärung des Begriffs vom »Prozess« bei, der besonders in der Körperpsychotherapie den therapeutischen Fortschritt meint. Der kann durchaus eine Beschleunigung gebrauchen..

Es gibt verschiedene spezielle Ansätze für die Therapie von Traumata, die miteinander konkurrieren, auch wenn es durchaus Integrationsversuche gibt. (Somatic Experiencing, Levine 1998; Sensorimotorische Psychotherapie, Ogden/Minton, 2000; Bodynamic Traumatherapie, Joergensen 1992; körperorientierte Traumatherapie, Rothschild, 2003;

Kognitive Verhaltenstherapie, Foa et al. 2000; Mehrdimensionale Psychodynamische Traumatherapie, G. Fischer, 2000; Ericksonsche Hypnose und die Ego-State Therapie, Watkins & Watkins, 2000; sowie verschiedene Expositions- und Überflutungs-Verfahren). Gemeinsam dürfte allen die Annahme sein, dass »eine Grund legende Aufgabe des menschlichen Geistes« darin besteht, »die Signifikanz sämtlicher eintreffender Informationen zu beurteilen und diejenigen, die als emotional oder kognitiv wichtig eingeschätzt werden, zu integrieren ...« sowie »eine Reaktion (zu) entwickeln, die nicht nur einen Zustand innerer Zufriedenheit erzeugt, sondern sich auch mit den Forderungen und Erwartungen der Umgebung vereinbaren lässt« (Van der Kolk 2003a). Hier wird das Kohärenzgefühl als Verarbeitungskompetenz beschrieben und soll in der Traumatherapie wiederhergestellt, entwickelt und gestärkt werden.

Als Voraussetzung dafür werden übereinstimmend neben einer sicheren und stabilen Beziehung zur Therapeutin die ausreichende äußere Sicherheit sowie genügend soziale und innere Ressourcen (Kompetenzen) gesehen. Die Exposition wird in unterschiedlichem Ausmaß für eine Verarbeitung für notwendig erachtet und mit Hilfe dualer Aufmerksamkeit oder eines Pendelprozesses ermöglicht; in diesem schwingt die Aufmerksamkeit zwischen der traumatischen Situation oder durch sie verursachter Symptome einerseits sowie den inneren Ressourcen und dem Erleben der Gegenwart andererseits hin- und her (Ausnahme: die Überflutungsmethode der VT). Es geht darum, das Traumaschema (s. Fischer & Riedesser, 1998, S. 351) nicht nur aufzurufen – was zu seiner Wiederholung führen würde – sondern es zu öffnen und damit der Bearbeitung zugänglich zu machen. Letztlich verfolgen alle Ansätze das Ziel einer Integration des Erlebten durch die Verarbeitung der Erinnerung und die Vollendung unterbrochener Affekte und Impulse. Dazu bedarf es:

- eines *Zugangs* zum Geschehenen (Aufruf des Traumaschemas),
- einer *Öffnung* des Schemas,
- der *Anregung* und *Aktivierung* von eigenen *Ressourcen* (Kompetenzen) und
- eines *katalytischen Prozesses*, der die Bearbeitung und Integration ermöglicht.

Die einzelnen Ansätze unterscheiden sich dabei in der Art der Exposition sowie in Auswahl und Mobilisierung der Ressourcen. Naturgemäß setzen dabei körperorientierte Verfahren mehr auf die kinästhetische Wahrnehmung, Emotionen und sensomotorische Impulse, die Kognitive Verhaltenstherapie auf Gedanken und Bedeutungsgebung, die analytisch orientierte Therapie auf die affektiv-symbolische Ebene und die Ego-State Therapie auf eine Synthetisierung versprengter Teile. Diese Zugänge zu den unverarbeiteten Erlebnissen traumatisierter Menschen bewirken wie reflektieren unterschiedliche Therapieverläufe, die ihrerseits auf die Sprengung des einheitlichen Erlebens im Trauma hinweist.

Um Überflutung und Retraumatisierung zu vermeiden, wird die Exposition in fast allen Ansätzen stark strukturiert durchgeführt. Entsprechend aufwändig ist häufig das Instrumentarium für die Modulation dieses Bewältigungsprozesses. Die EMDR-Therapie stellt in dieser Hinsicht eine Besonderheit dar; denn als Kern der Methode wird ein spontaner, sich selbst organisierender Prozess angesehen, dessen ungehinderte Entfaltung im Wesentlichen die Verarbeitung und Integration leisten soll. Die Kontrolle durch Therapeut oder den Klientin greift nur ein, wenn dieser Prozess stockt oder an einer wichtigen Information vorübergeht. Auch wenn einige andere Therapieansätze Ähnliches behaupten (Bohart & Greeberg, 2003, W. Davis, 1991), dürfte die Geschwindigkeit dieses Prozesses in der EMDR-Therapie einzigartig sein.

3. Verläufe

Bevor ich zu dem Verarbeitungsprozess komme, möchte ich an einigen Beispielen die Unterschiedlichkeit wie Gemeinsamkeit des Verlaufs einer EMDR-Therapie zeigen, deren Vorgehensweise hier als bekannt vorausgesetzt werden muss.

1. Beispiel

Herr Sommer (alle Namen wurden verändert), 58, ein verheirateter Feuerwehreinsatzleiter, kommt mit Symptomen, die zu seiner Frühpensionierung geführt haben: schwere Angina pectoris, Bluthochdruck, Rückenbeschwerden, Atemnot, Schlafprobleme. Nach langen Behand-

lungen und Kuraufenthalten lebt er seit langem mit Blutdruck regulierenden Mitteln und Antidepressiva. Obwohl nicht ohne schwierige Biographie, stellt sich heraus, dass er einige lebensbedrohende Situationen in seinem Beruf nicht verarbeiten konnte. Nach 25 Sitzungen ist seine Symptomatik vollständig verschwunden und er braucht keine Medikamente mehr.

Das Prozessieren, bzw. der Verarbeitungsprozess folgt im Wesentlichen immer dem gleichen Muster. Zu Beginn, nach dem Vergegenwärtigen des Ausgangsbildes mit der negativen Kognition, baut sich ein enormer Druck im Oberkörper auf, die Adern schwellen an und Atemnöte kommen hinzu, während sich das Bild intensiviert und/oder durch andere Erinnerungen abgelöst wird, die z.T. nicht mehr gekannte Details zum Vorschein bringen. Nach wenigen Minuten rückt das Bild ab, im Körper beginnt sich der Druck neu zu verteilen, um schließlich nach unten zu ziehen. Danach kommen verschiedene Erkenntnisse: neue oder vorher wirkungslos gebliebene – wie etwa »Ich habe es tatsächlich geschafft« oder »Ich habe meine Verantwortung wahrgenommen und getan, was ich konnte«. Der Druck im Körper lässt nach und weicht einer wohligen Entspannung. Dazu kommen meist Gedanken, die um die Themen Hilflosigkeit, Bewältigungskompetenz und Verantwortung kreisen. Emotionen werden eher als Druck erlebt und erst nach und nach besser identifizierbar.

2. Beispiel

Frau Herbst, eine 45 jährige Frau, kommt mit Tinitus, Panikattacken, Angstzuständen, Depressionen und Selbstverletzungen nach dissoziativen Zuständen. Der Vater war Alkoholiker und ist früh gestorben, die Mutter strafte vorzugsweise mit bis zu dreiwöchigem Schweigen. Als Jugendliche wurde eine Angstneurose diagnostiziert und annähernd 20 Jahre lang erfolglos behandelt. Nach einem Motorradunfall (als Beifahrerin) mit 26 (mit anschließendem Koma) werden mehrere Nachoperationen nötig. 30 der 41 Sitzungen bestehen aus EMDR-Prozessen. Danach sind die Symptome – bis auf einen gelegentlichen Ohr-Ton – verschwunden. Gegen meine Erwartung spielt der Unfall zunächst keine Rolle. Vom Ausgangsbild einer Panikattacke kommen wir zu

Kindheitssituationen mit sexueller Bedrängnis, einem beinahe tödlichem Badeunfall, zu symbolischen Bildern vom Streit der Eltern, Ohnmacht der Mutter gegenüber, zu Einsamkeit mit Depersonalisation und anderen »körperlosen« Zuständen. Diese Situationen werden teilweise ineinander geschachtelt prozessiert.

Das Muster dieses Prozesses entfaltet sich folgendermaßen. Lange Ketten von symbolischen Bildern (z.B. tanzende Masken, tiefe Schluchten) ohne emotionale oder physische Beteiligung geben sich plötzlich zu erkennen (z.B. Masken werden abgenommen) oder schlagen um in Erinnerungen mit emotionaler und körperlicher Beteiligung. Im weiteren Verlauf erscheinen wieder symbolische Bilder, es kommt zu Lösungen, Erleichterung, Entspannung und Wohlbefinden – immer durch eigene, imaginierte Handlungen, z.B. indem Frau Herbst die sie bedrängenden Menschen hinter den abgenommenen Masken an den Haaren packt und zusammenbindet, woraufhin sie immer kleiner werden und schließlich verschwinden.

3. Beispiel

Frau Winter, 38, ist in einer Therapie auf einen vermuteten sexuellen Missbrauch gestoßen. Trotz Besserung quälen sie häufig Alpträume, Angst- und Erregungszustände sowie Depressionen neben wechselnden körperlichen Beschwerden. Bei nur wenig ansteigender Erregung kommt es zu unüberwindbarer Enge im Hals. Neben dem frühen Tod des Vaters und dem vermuteten Missbrauch konnten auch andere Ereignisse kaum verarbeitet werden, besonders ein schwerer Fahrradunfall mit 4 Jahren sowie der tödliche Fahrradunfall einer Cousine, für den sich die damals 14jährige Klientin verantwortlich fühlte. Nach 42 Sitzungen sind die Symptome verschwunden, Frau Winter fühlt sich stark und ihren Körper »ganz neu«. Ständiger Ausgangspunkt für die Verarbeitung war ein symbolisches Bild für den vermuteten Missbrauch.

Das Muster des Prozessierens besteht in einem fortgesetzten Prozess fast ausschließlich kinästhetischer Empfindungen, die in großer Detailgenauigkeit die Panzerung, Zerstörung und den Aufbau des Körpers und des Körperempfindens nachzeichnen, begleitet von zuweilen heftigen Spannungs- und Erregungszuständen, aber auch dem Erleben von Entspannung, Stärke, Kraft und der Erfahrung, dass etwas »vorwärts geht«. Im Verlauf der Empfindungen können wir Prozesse aus einzelnen traumatischen Erlebnissen erkennen und rekonstruieren – etwa, wie sich der Fahrradlenker durch den Hals bohrt oder Einzelheiten aus der Vergewaltigung. Immer erfolgt danach ein deutlicher Heilungsprozess, in dem Spannung sich auflöst, Verletztes »ausgestrichen« und geschwächtes, empfindungsloses Gewebe im Körper (bes. Beckenbereich) energetische Zufuhr und Lebendigkeit erfährt. Selten und kurz kommt es zu emotionalen Reaktionen und klaren Erinnerungsbildern, so dass auch der sexuelle Missbrauch angeeignet und verarbeitet wird.

4. Beispiel

Frau Frühling, eine 40 jährige Kindergärtnerin mit langer stationärer wie ambulanter Therapiekarriere als »Borderline«-Patientin kommt nach dem Aufenthalt in einer Trauma-Klinik gut stabilisiert und vorbereitet in die Therapie. Systematisch arbeiten wir mit EMDR die »Traumalandschaft« (A. Hofmann) durch. Frau Frühling durchlebt frühe Verlassenheit und Gewalt, den sexuellen Missbrauch des Stiefvaters; vergessene Szenen und Ereignisse (sexuelle und gewaltsame Übergriffe in einer Jugendgruppe) tauchen auf. Alle vorher vorhandenen Symptome (Panikattacken, emotionale Übererregung, Flashbacks, Absencen, depressive Episoden, Vermeidungsverhalten, Schreckhaftigkeit, Depersonalisationserleben) verschwinden dauerhaft.

Im Verlauf von 12 Sitzungen kommt es zum Erleben von Scham und Erniedrigung und zu heftigen emotionalen Entladungen von Ekel, Angst, Schmerz, Wut, die nie überschwemmen und in einfache, erleichternde Erkenntnisse münden. Über manche müssen wir lachen, so selbstverständlich scheinen sie. »Das wusste mein Kopf auch vorher«, sagt Frau Frühling, »aber es nützte nichts, und jetzt verändert es mein Leben!«

In diesen Beispielen werden unterschiedliche Schwerpunkte der Verarbeitung deutlich: körperlich energetisches Erleben mit kognitiven Restrukturierungen (Bsp.1), symbolisch-emotionales Durcharbeiten (2), sensorisches, kinästhetisches Prozessieren (3) und dominant emotionales Prozessieren (4). Weiter kommt eine unterschiedliche Dynamik der Verarbeitung und Lösung zum Vorschein: vom plötzlichen Umkehrerlebnis (1) bis zum allmählichen, gleichmäßigen Durcharbeiten (3). Die dominante Verarbeitungsebene lässt sich grob den Funktionsebenen des Gehirns zuordnen: der sensomotorischen (Stammhirn), emotionalen (limbisches System) und kognitiven (Großhirn).

Ich möchte hier noch ein Beispiel anführen, bei denen ich einen neuen Weg gegangen bin, der die Möglichkeiten des Prozessierens erweitert.

5. Beispiel

Frau Sturm, eine 42-jährige Altenpflegerin, kommt drei Monate nach einem Sturz mit dem Fahrrad zu mir, durch den sie ein Schädel-Hirn-Trauma mit partieller Amnesie erlitten hat sowie eine Schädigung des linken Sehnervs mit erheblicher Beeinträchtigung des räumlichen Sehens. Der Ablauf des zeugenlosen Unfalls liegt komplett im Dunkeln, da ein Passant sie lediglich auf der Straße liegend aufgefunden hat. Ihre Hauptklage ist weniger die Sehbeeinträchtigung als das Gefühl nicht »da«, präsent zu sein. Der Verlauf des EMDR-Prozessierens orientiert sich sehr an körperlich nachvollzogenen Abwehr- und Schutzbewegungen und Gefühlen von Angst und Schmerz. Letzterer konzentriert sich auf den Kopf (sie ist auf die linke Kopfhälfte gefallen).

Nachdem der Prozess zu kreiseln beginnt und stecken bleibt, beginne ich die bilaterale Stimulierung von den Knien – etwas sanfter – auf den »Ort des Geschehens«, den Kopf, zu verlegen. Sofort geht das Prozessieren weiter, Erinnerungen tauchen auf, Empfindungen des »Weggehens«, Sequenzen vom fallen, sich aufrappeln und wieder fallen, die Schmerzen im Kopf verändern sich, er wird heiß (linke Seite). Ohne dass schon alle Fakten oder Teile des Puzzles zum Vorschein gekommen wären, kommt Frau Sturm aber zur dritten Sitzung sichtbar verändert und »wieder voll da«. Das bleibt auch so.

Dieses Beispiel legt nahe, dass es nicht nur um eine *zentrale* Stimulierung geht, sondern auch um eine *lokale,* die das Gewebe im Stande ist »aufzuwecken«. (Ähnlich im »Somatic Experiencing«, Levine 1997, oder in der Myoreflextherapie, Mosetter, 2003) Vermutlich erinnert das Gewebe einer Körperregion nicht selber das Geschehene, sondern der zelluläre Zustand mit seiner Verbindung zum Gehirn aktiviert die dort gespeicherten Erinnerungen. Die *selektive sensorische Stimulierung* erlaubt eine Verbindung von zentralem Verarbeitungsprozess und lokalem Aufruf. In ähnlichen Beispielen wird die affektive und symbolische Besetzung des Körpers mobilisiert, wenn etwa bei der Stimulierung der Schultern eine »Last der Verantwortung« im Verarbeitungsstrom erscheint oder bei einer Stimulierung des Brustkorbes ein bisher nicht betrauerter Verlust.

4. Erklärungsansätze

An dieser Stelle ist es hilfreich, sich die Besonderheiten der Vorgehensweise, des Prozessverlaufs und der Ergebnisse zu vergegenwärtigen:

1. *Aktivierung von Ressourcen durch Aufruf von Kompetenzen*: Affektmodulation, Aufmerksamkeitssteuerung, Körperwahrnehmung, Achtsamkeit, Imagination – auch Struktur und Ablauf des Prozesses regen diese Kompetenzen an und die Positive Kognition bringt bereits zu Beginn Ressourcen in den Blick. (Entwicklung und Anwendung relevanter Ressourcen finden sich bei Grand 2000, Schmid 2003, Kynowski 2003)
2. *Multimodaler Aufruf des Traumaschemas:* Der Zugang zum Traumaschema wird multimodal aktiviert, indem nach dem Bild, dem Körpergefühl und anderen Sinneseindrücken, der Emotion und der Kognition gefragt wird.
3. *Allgemeine oder selektive, abwechselnd bilaterale Stimulierung:* Die Stimulierungsart des Verarbeitungsprozesses (Augenbewegungen, bilaterale sensorische Stimulation) ist unabhängig von der vorher angesprochenen Modalität. Die *sensorisch selektive Stimulierung* an bestimmten Körperstellen kann zusätzlich den Aufruf blockierter Informationen und Impulse erweitern und verbessern (Bsp. 5).
4. *Ablauf eines zentralen, autonomen, sich selbst organisierenden Prozesses:* Der Prozess organisiert sich selbst, sucht sich meist eine bevorzugte Modalität und erreicht relativ schnell eine Neustruktu-

rierung, die *zentral* sein muss, da sie umgehend Auswirkungen auf den gesamten Organismus hat. Gedanken, Emotionen, sensorische Eindrücke und vegetative Reaktionen – zusammen, allein oder in Kombination – erscheinen in rascher Folge. Negative Affekte bauen sich ab, neutrale und positive nehmen zu.

5. *Beschleunigter und anhaltender Erfolg:* Auch wenn nicht jede Behandlung eine Kurzzeittherapie sein kann, ist doch die Beschleunigung der Verarbeitung typisch. Erfolge sind durchweg dauerhaft.

Zur Erklärung der EMDR-Wirkungsweise wird gern die duale Aufmerksamkeit herangezogen; danach verhindert die stetige äußere Stimulation die Überflutung mit überwältigend erlebten Affekten und begünstigt so die Verarbeitung. Aus der Geschichte der Körperpsychotherapie war ja zu lernen wie regressive und kontaktlose emotionale Abreaktionen im günstigen Fall vorübergehend erleichtern, im ungünstigen Fall retraumatisieren. Nur wenn Katharsis in der Gegenwart und im guten Kontakt geerdet bleibt, gerät sie nicht zur Wiederholung, sondern kann als korrektive Erfahrung anhaltende Erleichterung bewirken und die Restrukturierung des emotionalen Schemas ermöglichen. Eine andere Variante der Dualen Aufmerksamkeit betont die der VT ähnliche »dosierte Exposition« in der EMDR-Vorgehensweise. Gleichwohl erklärt dies nicht den viel schnelleren Erfolg von EMDR im Vergleich zu anderen Verfahren mit dieser Komponente (Shapiro, 1998, S.387f).

Affekttheoretisch versteht Nathanson (1998) Scham als den »Deckaffekt« jeden Traumas, der Verarbeitung verhindert und nur durch den Gegenspieler »Neugierinteresse« aufzuheben sei; dieser werde durch die bilaterale Stimulierung angeregt. Allerdings sind auch ohne Scham die Auswirkungen der bilateralen Stimulierung zu beobachten. Gleichwohl scheint durch die Stimulierung die Wirkung eines orientierenden Affektes – bei Omaha (2004, S. 40) ist es »Überraschungsschreck« – unbestreitbar zu sein, was andere Autoren als »Orientierungsreaktion« verstehen (vgl. Eschenröder 1997; Lipke, 2001; Shapiro, 1998; Levine 1997). Affekt und Orientierungsreaktion erscheinen komplementär: während das »Auslösen von Überraschungsschreck konstante Energieflüsse kurz unterbricht, die auf etablierten neuronalen Wegen fließen« und »darauf vorbereiten, mit einem plötzlichen neuen Stimulus fertig zu werden« (Omaha, 2004, S. 19; Übers. RMS.), betont Lipke: »Wenn es eine konditionierte emotionale Reaktion war wie Angst oder Wut, die die Verarbeitung blockiert hat, würde ihre partielle Unterdrückung ... (durch die Orientierungsreaktion) ... eine Fortsetzung des Verarbeitungsprozesses erlauben.« (Lipke, 2000, S. 31; Übers. RMS.) Präziser handelt es sich bei diesen konditionierten emotionalen Reaktionen um *unterbrochene* emotionale Schemata, die eine Verarbeitung verhindern. Anders als verdrängte, also unbefriedigte oder unterdrückte Emotionen, verbinden sie sich nicht mit anderen Schemata und bleiben isolierte Zustände. Möglicherweise hat dies mit der plötzlichen parasympathischen Deckelung sympathischer Erregung zu tun, welche die meisten Schockzustände begleitet, wenn sie diese nicht von Beginn an verhindert.

Die Überlegenheit rhythmisch *abwechselnder* gegenüber gleichzeitiger cross-lateraler Stimulation, die eine Studie von Rensson (2000) gezeigt hat, legt nahe, dass eine affekttheoretische Erklärung nicht ausreicht; denn weder die Orientierungsreaktion noch »orientierende Affekte« sind an das Abwechseln der Stimulierung gebunden. Bruce Perry schreibt den rhythmischen *Pendel*bewegungen jene beruhigende Wirkung zu, die an die Erfahrung intrauteriner Geborgenheit anknüpft. Wie bei den Trauma heilenden Ritualen der australischen Aborigines, bei denen sich im rhythmischen Trommeln das Schaukeln des Getragenwerdens und der Takt des mütterlichen Herzschlags wiederhole, erinnere die EMDR-Stimulierung an diese frühesten beruhigenden Erfahrungen des Organismus (Perry 2002). Es gibt andere Beispiele: das Wiegen von Babies und Kleinkindern oder die rhythmischen Selbsttröstungsbewegungen bei hospitalisierten Menschen. Die bilaterale Stimulation nimmt die grundlegendste innere Bewegung auf – die biologische Pulsation der Zellen, Organe und Flüssigkeitssysteme (vgl. Müller-Schwefe, 1999); alternierend wirkt sie stärker und scheint auch den im Trauma erregten, sonst kaum beeinflussbaren Hirnstamm zu erreichen. Die beruhigende, regulierende und emotional stärkende Wirkung von seitlichen Schaukelbewegungen konnte bei Affenkindern mit Ersatzbemutterung nachgewiesen werden (Van der Kolk, 2003b.) und wird mit der Stimulierung der Vermis (Wurm) zwischen den Hemisphären des Kleinhirns in Verbindung gebracht; die ist an der Regulation von Augenbewegungen, Gleichgewicht und *körperlicher wie emotionaler Haltung* beteiligt und kann, stimuliert, emotionale Instabilität vermindern. Der

Vorschlag, die Vermis traumatisierter Kinder entsprechend anzuregen (Teicher et al., 2002), kann so nicht überraschen.

So finden wir zwei Wirkungen der EMDR-eigenen Stimulation: einerseits stellt sie durch die »Orientierung« den Organismus auf neue Stimuli ein, verhindert alte und ermöglicht neue Verarbeitungswege, andererseits hat sie eine entspannende, Erregung hemmende Wirkung und ruft Ressourcen auf, die beruhigen, stärken und trösten.

Shapiro postuliert übergreifend einen angeborenen Mechanismus adaptiver Informationsverarbeitung (»Adaptive Information Processing System«, AIPS), ein »physiologisches Informationsverarbeitungssystem, das die Wahrnehmung der sensorischen Information und die kognitiven Komponenten des Erlebens in ein assoziiertes Erinnerungsnetzwerk integriert, um eine ökologische, gesunde und vom Streben nach innerem Gleichgewicht geprägte Funktionsweise zu ermöglichen.« (Shapiro, 2003, S.28) Diese beinhaltet, dass »das an dem Erlebten Nützliche gelernt, ... samt einem adäquaten Affekt im Gehirn gespeichert ... (und) ... in Zukunft genutzt werden kann. Das Nutzlose hingegen – die kognitive Disharmonie, die negativen Emotionen, die verstärkte körperliche Erregung und die Angespanntheit – wird verworfen.« (Ebenda) Negative Emotionen dürfen hier allerdings nicht als dysfunktional verstanden werden; vielmehr muss die *Unterbrechung* affektiver und sensomotorischer Schemata gemeint sein. Ihre *Vollendung* und Verbindung mit der Gegenwart bringt jene »Auflösung«, die jedem Affekt beschieden ist, wenn die auslösende Situation Vergangenheit und das Gleichgewicht wieder hergestellt wird.

Allerdings kann das AIPS auch versagen, wenn Lebensgefahr wahrgenommen, überschritten und keine Bewältigungsmöglichkeit gesehen wird; dann kann die adaptive Informationsverarbeitung blockieren und die Erfahrung wird nicht assimiliert, sondern durch Symptombildung in eine ständige »Wiedervorlage« eingespeist. Dies ist die Ausgangslage für eine Traumatherapie.

R. Stickgold hat die Vermutung Shapiros aufgenommen, im EMDR werde ein Prozess angestoßen und aufrecht erhalten, der normalerweise im REM-Schlaf (Traum) abläuft und Tagesereignisse verarbeitet. Dabei werden Informationen aus dem episodischen Gedächtnis vom limbischen System in das semantische Gedächtnissystem im Großhirn integriert und mit anderen Gedächtnisinhalten verbunden. Die vom

Gehirnstamm nur im Schreckreflex und im REM-Schlaf ausgelösten »ponto-geniculooccipitalen« Wellen ermöglichen offenbar die Reorientierung des Organismus. Das »wiederholte Reorientieren der Aufmerksamkeit von einem Ort zum anderen« in der abwechselnd bilateralen Stimulation könnte »Verschiebungen in regionaler Gehirnaktivierung und Neuromodulation produzieren ..., die ähnlich denen im REM-Schlaf produzierten sind.« (Stickgold, 2002, S. 71; Übers. RMS) Die Aktivierung der Vermis im REM Schlaf (Chugani, 1998) und bei Schaukelbewegungen (s. o.) deutet auf eine gleichzeitige Beruhigung hin. Im traumlosen Schlaf nun werden die neuen Erkenntnisse, Bedeutungen, Einordnungen und Verbindungen an die Regionen im limbischen System zurückgemeldet, die das episodische Gedächtnis tragen. (Stickgold, 2002) Beide Arten des Schlafes sind also für die »Verdauung« des Erlebten notwendig.

Die EMDR-Stimulierung lässt sich als Schrittmacher für die im Trauma extrem reduzierte Verbindung zwischen den Hemisphären (Van der Kolk 1996) verstehen; die äußere Stimulation kann die besonders im Schlaf aufgerufene und im Trauma blockierte innere übernehmen. Zwei Integrationsbewegungen werden dabei im Gehirn angestoßen: eine horizontale zwischen den beiden Hemisphären sowie eine vertikale zwischen den übereinander gelagerten Funktionsebenen: Stammhirn/Kleinhirn – limbisches System – Cerebrum. (Letzterer entspricht eine langsame, vertikale Augenbewegung im EMDR für die Konsolidierung erreichter Integration). Auch die Koordinationsfunktion in der Informationsverarbeitung scheint angeregt zu werden, jene »Synchronisation oszillierender Frequenz von 30 bis 80 Hz zwischen verschiedenen anatomischen Regionen, die Verbindung verschiedener neuronaler Repräsentationen« schafft und als »unabdingbar für Gedächtnisaufruf gehalten wird« (Servan-Schreiber, 2000, S.7; Übers. RMS). Während somatische Ansätze eher die vertikale Verarbeitung ansprechen (explizit Minton & Ogden, 2000) und kognitiv-behaviourale eher die horizontale, regt EMDR *beide* Bewegungen an und betont die besonders blockierte Ebene (s. die unterschiedlichen Verläufen in den Beispielen, oben).

Perry wie Omaha präzisieren Shapiros AIPS-These durch wichtige Einschränkungen. Perry (2002) macht die beruhigende Wirkung der Stimulierung von den frühesten zu Ressourcen gewordenen Erfahrungen rhythmischen Erlebens abhängig und Omaha betont, das AIPS entwickle sich erst »im Laufe der frühen Sozialisation … im Kontext von den in der Kindheit entscheidenden Dyaden …« (Omaha 2004, S.14; Übers. RMS.) Beide Einwände erklären, warum sich »Non-Responders« und andere Klientinnen mit der (vergeblich) angeregten Informationsverarbeitung schwer tun können. Gleichzeitig erhält der Aufbau von solchen Ressourcen eine besondere Bedeutung, die den Gehirnstamm und physiologische Parameter beeinflussen können und damit genau jenen *Mechanismus* stärken, der durch die Verbindung »negativer und positiver Kerne« (Hofmann) die Verarbeitung traumatischer Erfahrung ermöglicht. Omaha relativiert auch Shapiros´ Gleichsetzung von Adaption und Gesundheit: danach bewegt sich das System »in Richtung eines adaptiven, nicht unbedingt eines gesunden Funktionierens. Die Art des adaptiven Funktionierens wird bestimmt vom Kontext … sowie von der Art und Qualität der gegenwärtigen inneren Repräsentationen des Klienten.« (Omaha, 2004, S. 14; Übers. RMS.) Allerdings zeigt gerade die EMDR-Therapie häufig eine rasch gelingende adaptive Informationsverarbeitung *ohne* längere modellhafte Beziehung zu dem Therapeuten – vermutlich, wenn zumindest Grund legende, physiologisch verankerte Schemata von rhythmischen, beruhigenden und Existenz bestätigenden Bewegungs- und Beziehungserfahrungen vorhanden sind.

5. Ein Modell

So entsteht das Modell eines neurobiologisch fundierten, psychischen Verdauungsprozesses, in dem unser Nervensystem äußere wie innere Reize zu Informationen, Erlebnissen und schließlich Erfahrungen verarbeitet. Diese werden in die eigene Identität integriert, stellen ein neues Gleichgewicht her und aktualisieren die Lebenskompetenz: bedeutsame Erkenntnisse über das Selbst und die Umwelt werden aus dem Geschehenen und Erlebten herausgefiltert, bewahrt und für die Zukunft bereitgestellt. Jedes Ge- oder Misslingen justiert das Selbstbild neu und bestärkt, erweitert oder verringert – beim Trauma: erschüttert – das Gefühl, das Leben verstehen, meistern und ihm Bedeutung geben zu können. Jedes Gleichgewicht ist vorläufig – die aktuelle Verarbeitung kann zur Neubewertung und erneuten Bearbeitung alter, mit ihnen verbundener Erfahrungen führen.

Die Funktionen der Informationsverarbeitung, welche die Verbindung oder Verschaltung, Koordination und Transformation der verschiedenartigen Informationen herstellen, müssen noch genauer verstanden werden. Vorläufig lassen sich folgende Funktionsbereiche grob unterscheiden (nach Pöppel, 2002): Reizaufnahme (Wahrnehmung), Reizbearbeitung (Gedächtnis, Lernen), Reizbewertung (Affekte, Emotionen), Reizbeantwortung (Aktion, Reaktion). Es ist aber schon deutlich geworden, dass eine Erfahrung zunächst gemacht und dann verinnerlicht wird, dass also zwei unterschiedliche Zyklen von »Aufnahmebearbeitung- Bewertungsbeantwortung« der Reize zu unterscheiden sind:

- der *aktuelle Zyklus*, in dem der Organismus neue Informationen aufnimmt, die unmittelbar notwendige Bearbeitung und Beantwortung von Reizen und *gegenwärtiges* Erleben und Handeln veranlasst und steuert,
- der *reflexive Zyklus*, in dem das vorher Erlebte mit den vorhandenen Schemata und ihrer Struktur sowie der inneren und äußeren Realität abgeglichen und besonders das Neue für die eigene Lebenskompetenz auswertet wird.

Beide Zyklen speisen und beeinflussen sich gegenseitig. Während der erste, funktionale Zyklus das Leben unmittelbar bestimmt, ist es der zweite, reflexive Prozess, der durch die Verarbeitung von Handlungen und Erlebnissen Struktur bildet und verändert; seine Blockierung verursacht Symptome. In der Therapie geht es um die Ermöglichung, Stärkung und Vervollständigung dieses Struktur bildenden Zyklus, auch wenn der aktuelle Zyklus – wie in der Ressourcenbildung und »korrektiven Erfahrung« – nicht außer Acht gelassen werden darf. Der reflexive ist vor allem im Schlaf und vermutlich in Situationen gefahrloser Entspanntheit aktiviert. Seine herausragenden Eigenschaften sind:

- die Gleichzeitigkeit von wacher Aufnahmebereitschaft und Erregungshemmender Entspannung, von aktiviertem Interesse und der Vergewisserung von Ressourcen,
- eine spontan ablaufende Integrationsbewegung: vertikal (auf- und absteigend) und horizontal (Hemisphären verbindend) im Gehirn, zentripetal und -fugal im Organismus,

– das Streben nach Herstellung eines aktuellen (wie lebensgeschichtlich wachsenden) Gleichgewichts selbstwirksamer Lebenskompetenz.

Ähnlich dem von Piaget beschriebenen Aufbau geistiger Schemata durch Assimilation und Akkommodation lässt sich die Entwicklung physiologischer und affektiver Schemata verstehen (s. auch Fischer & Riedesser, 2003). Der Prozess pendelt zwischen zwei Polen hin und her, die im Verlauf gelingender Verarbeitung aktiviert sind. Physiologisch sind dies die Pole von Spannung und Dominanz des Sympathikus einerseits und Entspannung und Dominanz des Parasympathikus andererseits; affektiv sind es protektive Affekte wie Angst, Wut, Trauer einerseits und expansive Affekte wie Neugier, Freude, Sehnsucht – Omaha (2004, S. 55ff.) begründet überzeugend die Einbeziehung dieses Affektes – andererseits; kognitiv finden sich assoziative und integrierende Prozesse sowie dissoziative und differenzierende. Mit dem durch die Assimilation angetriebenen Prozess zwischen diesen Polen wächst die Lebenskompetenz. Gelingt der Verarbeitungs- und Lernprozess (im Trauma) nicht, bleibt das neue Gleichgewicht verwehrt und die wahrgenommene Selbst- und Lebenskompetenz kann nur gerettet werden, wenn die Erfahrung dissoziiert oder abgespalten wird. Gleichzeitig versucht der grundlegende Assimilationsmechanismus immer wieder erneut, das Unverdaute zu verdauen und – durch das »Trauma kompensatorische Schema« – (Fischer) zu bewältigen. Das folgende Schema kann dies verdeutlichen:

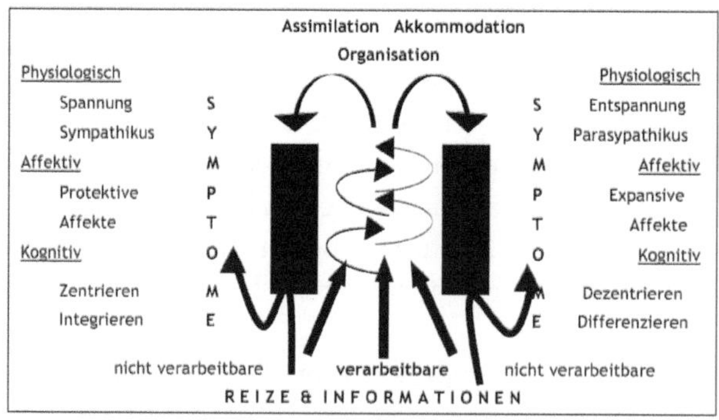

Abb. 1 »Verarbeitungsschema«

Auch dieses System ist verletzbar. Es waren vor allem traumatisierte Klientinnen, die jene fahrlässige These widerlegten, der Mensch oder der Körper werde unter (therapeutischem) Druck nur das preisgeben, was er auch verarbeiten könne. Zwar scheint das Verarbeitungssystem zu verdrängen, abzuspalten oder in den Körper zu verbannen, was es nicht verarbeiten kann, weil es nicht mit der gefühlten Lebenskompetenz zu bewältigen ist. Bei erneuter Provozierung kann diese Notabschaltung aber zu erheblichen Symptomen, Retraumatisierung und Suizid führen. Störbar scheint der Mechanismus vor allem durch folgende Möglichkeiten:

1. *Überlastung:* Bei pausenloser, außen orientierte Anspannung (Bereitstellungsreflexe) wird die Rückmeldung über den Zustand des Organismus an das Stammhirn und die Verarbeitung von Erlebnissen eingeschränkt; es kommt zur Überforderung, analog der Umstellung von aerober auf anaerobe Verbrennung im Körper bei großen Anstrengungen.
2. *Schreck-Stillstand:* Der Schreckaffekt kann einen Stillstand des Systems hervorrufen, der sich nicht auflöst, obwohl ausreichende Ressourcen vorhanden sein können.
3. *Kritische Differenz:* Überschreitet das Gefälle zwischen bestehendem Gleichgewicht (Lebenskompetenz, Ressourcen) und aktuellem Erleben eine kritische Differenz, wie im Trauma, hält der Verarbeitungsprozess an; ein Minimum selbstwirksamer Lebenskompetenz kann gerettet werden, wenn die Erregung in Symptomen gebunden werden kann.

Für die Verarbeitungsprozesse ergeben sich daraus unterschiedliche Anforderungen, z.B. Sicherheit und Ruhe (gegen Überlastung), Interesse und Anschub (gegen Schreckstillstand), Präsenz und Aufbau von Ressourcen (gegen Kritische Differenz).

6. Der Verlauf des Prozesses

Mindestens psychosomatische und frühe Störungen, deren körpernahes Erleben vor allem in der Körperpsychotherapie auftaucht, können auch

gut mit dem vorgestellten Ansatz verstanden werden. Die hier vorgestellte Vorgehensweise mag auch für sie gelten:
- Aktivierung oder Entwicklung von Selbstkompetenzen (Ressourcen)
- Aufruf und Öffnung des Schemas
- Verarbeitungsprozess
- Integration und neues Gleichgewicht

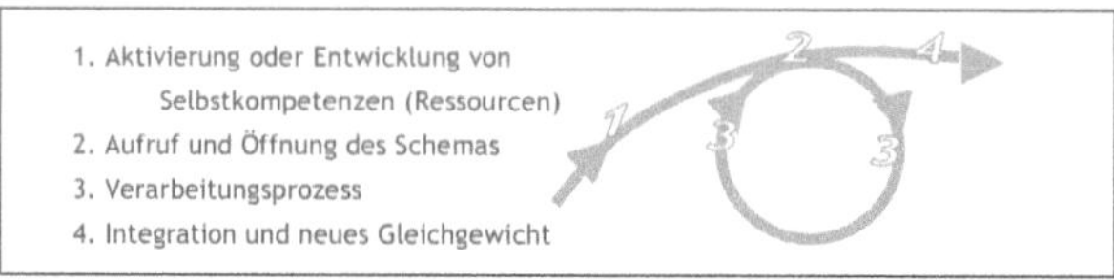

Abb. 2 »Kreiselwelle«

1. Aktivierung oder Entwicklung von Selbstkompetenzen

Neben äußerer Sicherheit sind vor allem folgende Kompetenzen als »innere Wirklichkeit« (analog zu der äußeren im Sinne Piagets, Piaget 1975) zu entwickeln oder anzuregen:

Energiekompetenz: Die Fähigkeit, eigene Kraft und Energie wahrzunehmen und als »Wirkmacht« zur Verfügung zu haben; und sich Lebensprozessen zu überlassen und entspannen.
Grenzkompetenz: Die Fähigkeit, die Peripherie des Körpers zu besetzen und seine Ausdehnung und Grenzen spüren und beeinflussen zu können (z. B. Verteidigung, Öffnung).
Affektkompetenz: Die Fähigkeit, physiologische Zustände und Affekte wahrnehmen, identifizieren und regulieren zu können (z. B. Selbstberuhigung und -tröstung). *Interaktionskompetenz:* Die Fähigkeit, sich auszutauschen: Reize wie eigene Impulse aufzunehmen, zu verarbeiten und die erfolgende Antwort (Response) zu organisieren. *Symbolkompetenz:* Die Fähigkeit, Erfahrung symbolisch repräsentieren, erinnern und ausdrücken sowie zwischen Symbol und Symbolisiertem unterscheiden zu können, ist zur Verständigung wie auch zur inneren Verarbeitung und Modulation der Erfahrung notwendig.

Zur Entwicklung dieser grundlegenden Selbstkompetenzen kann die Körperpsychotherapie mit ihren vielfältigen Möglichkeiten beitragen, besonders zur Erdung und Grenzbildung, zur Regulation von Energie, Spannung, Tonus, zur Rhythmisierung von Bewegung und Vervollständigung unterbrochener emotionaler Abläufe sowie zur Transformation physischer in symbolische Prozesse. (Vgl. Röhricht, 2000).

2. Aufruf und Öffnung dysfunktionaler Schemata

Durch das Vergegenwärtigen des belastenden Erlebens (traumatische Situation oder Symptom) wird das Schema aufgerufen; geöffnet wird es, wenn sich die aufgerufenen, isolierten Aspekte des Erlebens mit anderen Informationen (vergangenen und gegenwärtigen) verbinden und von diesen beeinflussen lassen. Der Aufruf von Selbstkompetenzen und Ressourcen *mit* der traumatischen Erfahrung weist den Weg zur Möglichkeit einer Umdeutung, Bearbeitung und Neukonstruktion des Schemas. Dabei sollten die folgenden, im Trauma versprengten, verschiedenen Modalitäten angesprochen werden (SPIKE – ähnliche Aufteilungen bei Levine, 1997; Braun 1988), ohne dass sie bewusst sein müssen:

- Sinne: Bild, Geräusch, Tastempfindung, Geruch/Geschmack
- Physiologie: Herzschlag/Puls, Blutdruck, Schweiß, Tremor etc.
- Impuls/Verhalten: motorischer Kampf-, Flucht-, Unterwerfungs-, Totstellimpuls
- Kognition: Wissen, Gedanken, Bedeutung, Sinn
- Emotion: Gefühle, Affekte

3. Auslösung und Anregung des Verarbeitungsprozesses

»Es ist wie ein Strudel, der nach und nach alles von mir erfasst, und wenn ich rauskomme, erlebe ich mich und meine Welt so neu, dass ich manchmal Angst davor habe nicht mehr dieselbe zu sein«, benannte ein Klient den Verarbeitungsprozess. Manches erweist sich in der Therapie als hilfreich den salutogenen Prozess anzuregen oder in Gang zu bringen, deutlicher, direkter und schneller gelingt die Auslösung und Aufrechterhaltung mit bilateraler Stimulierung in vorbereiteter Umgebung. Diese kann je nach Bedarf variiert werden: neben dem Auslösen des zentralen Mechanismus können auch bei gezielter sensorischer Stimulierung lokale Trauma-Splitter aufgerufen werden und bei entsprechender Modifikation der Stimulierung (wiegende Bewegungen und Berührungen) kann auch bei Bedarf die Aktivierung der Ressourcen verstärkt werden. Manchmal scheint der Prozess dennoch an wichtigen Symptomen vorbei zu gehen, etwa an tief im Bindegewebe, Muskelansätzen und –ketten verankerte Kontraktionen des Schreckreflexes. Hier kann die Myoreflextherapie (Mosetter 2003) oder »Functional Analysis«, (Davis 1991) weiterhelfen.

4. Integration und Herstellen eines Gleichgewichts

Die in einer Sitzung erreichte spontane Integration äußert sich meist durch eine unmittelbare Erleichterungs- und Entspannungsreaktion, die auch beim Erscheinen eines neuen Gleichgewichts in der kindlichen Entwicklung bekannt ist. Dieser Prozess wirkt sich dann in der Regel auch auf anderen Bereichen der Persönlichkeit aus.

Ich habe versucht zu zeigen, was den salutogenen oder Gesundungsprozess in der Traumatherapie ausmacht und wie er angeregt und aktiviert werden kann. Während die Körperpsychotherapie besonders bei der Entwicklung der dafür notwendigen Selbstkompetenzen und der kompetenten Begleitung von emotionalen Abreaktionen und Entladungen geeignet scheint, kann die EMDR-Therapie mit ihrer Technik den Verarbeitungsprozess erheblich beschleunigen und zu einem präziseren Verständnis des salutogenen Prozesses führen. Und dies nicht nur für Traumatherapien.

7. Fazit für die Praxis

Unser Wissen über den Selbstgesundungs- oder salutogenen Prozess und darüber, was ihn blockieren, anregen, beschleunigen oder stabilisieren kann, trägt wesentlich zum Gelingen wie zur Effektivierung von Therapien bei. Insbesondere das EMDR als Methode in der Traumatherapie kann viel dazu beisteuern, nicht nur durch wichtige praktische Anregungen wie die bilaterale Stimulierung, sondern auch durch das Bemühen um ein Verständnis der zugrunde liegenden Funktionen. Das vorgestellte Modell der Informationsverarbeitung mit den vier Therapieschritten (Aktivierung/Entwicklung von Selbstkompetenzen, Aufruf und Öffnung des Schemas, Verarbeitungsprozess, Integration und neues Gleichgewicht) ermöglicht die Konzentration auf den salutogenen Prozess nicht nur in der Traumatherapie und erlaubt auch die Entwicklung neuer Möglichkeiten – wie etwa der vorgestellten »selektiven sensorischen Stimulierung«. Für jeden der Therapieschritte sind besonders ein körperpsychotherapeutisches Verständnis der grundlegenden Kompetenzen sowie entsprechende Methoden zu ihrer Entwicklung und Aktivierung hilfreich.

Literatur

Antonovsky, A. (1997): Salutogenese. dgvt-Verlag, (Tübingen).

Bohart, A. & Greenberg, L. (2003): EMDR und erlebnisorientierte Psychotherapie. In: Shapiro, F. (Hrsg.) (2003): EMDR als integrativer psychotherapeutischer Ansatz. Jungfermann (Paderborn).

Braun, B. (1988): The BASK model of dissociation. Dissociation 1, S. 4–23.

Chugani, H.T. (1998): A critical period of brain development: studies of cerebral glucose utilization with PET. Preventive Medicine 27 (2), S. 184–188.

Davis, W. (1991): Points and Positions. Energie & Charakter, 22. Jg., S. 97–109.

Eschenröder, C. T (1997): Entwicklung und gegenwärtiger Status der EMDR. In: Eschenröder, C. T. (Hg.): EMDR – eine neue Methode zur Verarbeitung traumatischer Erinnerungen. dgvt-Verlag, (Tübingen).

Fischer, G. & Riedesser, P. (1998): Lehrbuch der Psychotraumatologie, Reinhard (München).

Foa, Keane, Friedman (ed.) (2000): Effective treatment for PTSD. Norton (New York).

Grand, D. (2001): Emotional Healing at Warp Speed: The Power of EMDR; Harmony Books (New York).

Groddekk, Georg (1984): Das Buch vom Es. Fischer TB (Frankfurt/M.)

Hofmann, A. (1999): EMDR in der Therapie psychotraumatischer Belastungssyndrome; Thieme (Stuttgart).

Joergensen, S. (1992): Bodynamisch-analytische Arbeit mit Schock und posttraumatischem Stress. Energie & Charakter, 23. Jg., No. 5, S. 116-132.

Kinowski, K. (2003): »Put your best foot forward«. Paper given at the EMDR European conference, Rome 2003: www.krystynakinowski.com

Levine, P. (1997): Trauma-Heilung. Synthesis Verlag, Essen 1998.

Lipke, H. (2001): EMDR and andere Ansätze der Psychotherapie. Jungfermann (Paderborn). psychotherapy integration. CRC Press (Boca Raton).

Mentzos, S. (1984): Neurotische Konfliktverarbeitung, Fischer TB (Frankfurt/M).

Mosetter, K. u. R. (2003): Kraft in der Dehnung. Walter (Zürich)

Montessori, M. (1997): Kinder sind anders. Dtv (München).

Müller-Schwefe, R. (1999): Pulsation – a preliminary model. In: Glenn, Müller-Schwefe (eds.): The Radix Reader: The Radix Institute (ISBN 0-9649764-2-0) (Heron Press).

Nathanson, D. L. (1998): Locating EMDR: Affect, Scene and Script. Presentation at the 1998 conference of the EMDR Int. Association: Audio tape (Sound on tape).

Ogden, P. & Minton, K. (2000): Sensorimotor Psychotherapy: One Method for Processing Traumatic Memory. Traumatology, vol. VI, Issue 3, Article 3.

Omaha, J. (2004): Psychotherapeutic interventions for emotion regulation: EMDR and bilateral stimulation for affect management. Norton (New York).

Pearce, K. (2001): Georg Groddeck. Unveröffentl. Manuskript, Birmingham 2001.

Perry, B. (2002): Traumatic Memory & Neurodevelopment. Presentation at the 2002 conference of the EMDR International Association: Audio tape (Sound on tape).

Piaget, J. (1975): Der Aufbau der Wirklichkeit beim Kinde. Studienausgabe Ges. Werke 2. Klett Verlag, (Stuttgart).

Pöppel, E. (2002): Informationsverarbeitung im menschlichen Gehirn; Informatik Spektrum 25 (2002), Springer Verlag, S. 427–437.

Rensson, M. (2000): EMDR compared with Imaginary Exposure. Dpt. Of Clinical Psychology, Free university of Amsterdam, abstract of presentation at the European EMDR conference, Utrecht

Röhricht, F. (2000): Körperorientierte Psychotherapie Psychischer Störungen. Hofgrefe (Göttingen).

Rothschild, B. (2003): The Body Remembers, Casebook. New York.

Schmidt, S. J. (2002): Developmental Needs Meeting Strategy for EMDR Therapists. San Antonio (Texas), (Published privately: www.shirleyjeanschmidt.com)

Servan-Schreiber, D. (2000): EMDR: Is Psychiatry Missing the Point?; Psychiatric Times, vol. 17, issue 7.

Shapiro, F. (1998): EMDR – Grundlagen und Praxis. Jungfermann (Paderborn).

Shapiro, F. (Hrsg.) (2003): EMDR als integrativer psychotherapeutischer Ansatz. Jungfermann (Paderborn).

Smith, N. & Poole, D. (2003): EMDR und kognitive Verhaltenstherapie: Eine Untersuchung der Übereinstimmungen und Unterschiede. In: Shapiro, F. (Hrsg.) (2003): EMDR als integrativer psychotherapeutischer Ansatz. Jungfermann (Paderborn).

Stickgold, R. (2002): EMDR: A Putative Mechanism of Action. J. of Clinical Psychology, vol. 58 (1).

Teicher, M, Anderson, S., Polcari, A. (2002): Developmental neurobiology of childhood stress and trauma. Psychiatric Clinics of North America (2002), 25, S. 397–426.

Van der Kolk, B. (1996): The Body Keeps the Score. In: Van der Kolk, Mc Farlane, Weisaeth (eds.): Traumatic Stress. Guilford (New York).

Van der Kolk, B. (2003a): Jenseits der Redekur. In: Shapiro, F. (Hrsg.) (2003): EMDR als integrativer psychotherapeutischer Ansatz. Jungfermann (Paderborn).

Van der Kolk, B. (2003b): The neurobiology of childhood trauma and abuse. Child and adolescent Psychiatric Clinics of North America, 12 (2003), S. 293–317.

Watkins, J. u. H. (200): Ego States: Theory and Therapy, Norton (New York).

Tiefenpsychologisch-imaginative Psychotraumabehandlung mit der Katathym Imaginativen Psychotherapie (KIP) – Teil 1

Beate Steiner

Zusammenfassung: Vorgestellt wird ein Ansatz, der ein konsequentes tiefenpsychologisch-imaginatives Vorgehen auf allen Ebenen (Stabilisierung, Auseinandersetzung mit dem Trauma und seine Integration) der Psychotraumabehandlung beinhaltet. Der Patientin wird auf der Basis der Spiegel-, Holding und Containingfunktion der Psychotherapeutin, die auch Vertreterin der Realität ist, ein Phantasieraum zur Verfügung gestellt, ein potentiell veränderbarer psychischer Raum. In ihm können neue Erfahrungen gewagt werden, neue Lösungsmöglichkeiten für bestehende ungelöste Konflikte, die an traumatisches Erleben gebunden sind, gefunden werden. Das tragende und haltende Setting und die Vorgabe entsprechender Tagträume, als Brücke zur symbolischen Tätigkeit, zielen über den gesamte Behandlungsprozess darauf die Patientin vor möglicher Affektüberflutung zu schützen und die Affekte für sie erträglicher werden zu lassen, indem überflutende Affekte kontrolliert, abgeschwächt, modifiziert und verändert werden können.

Schlüsselwörter: Brücke zur symbolischen Tätigkeit; KIP; Psychotraumabehandlung; Phantasieraum; Schutz vor Affektüberflutung; Tagträume

Abstract: The author introduces an approach, which contains a consistent psychodynamic-imaginative procedure on all levels of post-traumatic psychological treatment (stabilizing, confrontation with the trauma and its integration). The female patient is provided with a space for imagination – a psychic space that is potentially modifiable – on the basis of processes of mirroring, holding and containing by the female psychotherapist (who also represents reality). In this space new experiences can be risked and new coping strategies for existing unresolved conflicts, which are tied to traumatic experience, can be found. The supportive and containing setting and the provision of relating daydreams which serve as bridges to symbolic activity, aim to protect the patient from potentially overwhelming affects and make it easier for the patient to cope with them througout the whole treatment process by enabling her to control, to relieve, to modify and transform the overwhelming affects.

Keywords: Bridge to symbolic activity, KIP; treatment of psychological trauma; space of imagination; protection from overwhelming affects; daydreams

Katathym Imaginative Psychotherapie

Bevor ich die Psychotraumabehandlung mit der KIP überblicksartig darstelle, möchte ich kurz mit der Methode der Katathym Imaginative Psychotherapie bekannt machen, in der sie verortet ist.

Der Göttinger Arzt und Psychoanalytiker Hans Carl Leuner entwickelte 1954 dieses tiefenpsychologisch fundierte Verfahren (anfänglich synonyme Begriffe: »Katathymes Bilderleben« (KB und »Symboldrama«). Das Verfahren der KIP basiert auf emotionsnah gestalteten Imaginationen, die in einen psychotherapeutischen Prozess eingebunden sind. Es beinhaltet ein ausdifferenziertes methodisches Vorgehen, um Tagträume psychotherapeutisch zu induzieren und zu begleiten.

Dabei berücksichtigt es, fußend auf dem theoretischen Fundament der Psychoanalyse, deren wesentliche Parameter (z.B. Übertragung und Widerstand) und schenkt symbolischen Prozessen besondere Aufmerksamkeit. Die katathymen Imaginationen zeichnen sich dadurch aus, dass sie grundsätzlich alle Sinnesmodalitäten umfassen und sich in Handlungsvollzügen von Tagtraumcharakter entfalten. Das Beiwort »katathym« soll darauf hinweisen, dass die evozierten Vorstellungen stark »aus dem Gefühl heraus« beeinflusst werden. Für den Umgang mit den evozierten Tagtraumbildern hält die KIP eine Vielzahl lehr- und lernbarer therapeutischer Interventionen bereit, sowie eine Reihe von sog. Standardmotiven und spezifischen Vorgehensweisen, die in mittlerweile mehr als fünf Jahrzehnten beständig ausdifferenziert und weiterentwickelt wurden.

Auf der Bildebene des induzierten Tagtraums präsentiert sich die Erfahrung der Patientin mit sich selbst, der Welt und dem Anderen, kommen neben der aktuellen Befindlichkeit u.a. ihre Wesenzüge, Verhaltenseigentümlichkeiten, Ressourcen, Motivationsstrukturen und ihre zentralen bewussten, vorbewussten und unbewussten Beziehungskonflikte symbolisch zur Darstellung. Immer wieder verbildlicht sich auch »Übertragung« als Resultat des unbewussten Drangs, die therapeutische Beziehung als eine Neuauflage vergangener Beziehungserfahrungen zu erleben. Die Motive, die der Patientin vorgeschlagen werden, können durch das thematische Feld, mit denen sie assoziiert sind, u.a. auch eine Darstellung unbewusster Konfliktbereiche samt deren Abwehr anregen. Was bedeutet, in den erzeugten Bildern erscheint das jeweilige neurotische Schicksal, wird Abgewehrtes in spezifisch entstellten Bildern zur Darstellung gebracht, machen sich die konfliktbesetzten Erlebnisbereiche vorwiegend in Form so genannter fixierter Bilder fest. Sie werden immer wieder im Tagtraum aufgesucht und be- und durchgearbeitet (vgl. Leuner 1985). Es wird aber auch konfliktfreies Material, in Form der Wunscherfüllung und Befriedigung regressiver oder primärer Antriebsbedürfnisse, spontan geträumt oder es werden von der Psychotherapeutin sog. Motive zur narzisstischen Restitution vorgegeben, die eine Ich-Stärkung und –Stabilisierung intendieren.

Die kognitiven und affektiven Inhalte des Tagtraumgeschehens können unter diagnostischen Gesichtspunkten verstanden und therapeutisch aufgegriffen werden, um sie von bewusstseinsnahen Oberflächenschichten her langsam und vorsichtig in die Tiefe unbewussten seelischen Geschehens zu verfolgen. Das Verhalten der Psychotherapeutin ist in der KIP auf das tiefenpsychologische/analytische Ziel ausgerichtet, der Patientin Einsichten in unbewusste, konflikthafte Objektbeziehungen zu vermitteln, in deren Entstehungsgeschichte und ihre Auswirkungen auf das Selbstbild und auf die narzisstische Regulation und die gegenwärtigen Interaktionen mit anderen.

Neben der Behandlung neurotischer Störungen hat sich das Spektrum der Indikationen auch auf andere psychogene Erkrankungen erweitert (strukturelle Ich-Störungen, psychotraumatische Belastungsstörungen etc.). Für psychosomatische Erkrankungen hält das Verfahren schonende und effektive Behandlungsansätze bereit. Neben der Einzeltherapie (mit besonderen Möglichkeiten der Fokaltherapie, der Krisenintervention und Psychotraumabehandlung) eignet sich die Tagtraumtechnik auch für die Paar-, Familien- und Gruppentherapie sowie für die Behandlung von Kindern und Jugendlichen.

Beate Steiner

Psychotraumabehandlung mit der KIP

2002 haben mein Kollege Klaus Krippner und ich damit begonnen eine systematische Psychotraumabehandlung mit der KIP zu entwickeln und ein entsprechendes Curriculum, dessen Inhalte wir seit diesem Zeitpunkt ärztlichen und psychologischen Psychotherapeuten, auch Kinder- und Jugendlichenpsychotherapeuten, in einer speziellen Fortbildung vermitteln. Um die imaginativen Behandlungsmöglichkeiten bei Traumatisierten angemessen anwenden zu können, ist ein bestimmtes Basiswissen über traumatische Erfahrungen und ihre Verarbeitung und Psychodynamik unabdingbar und wird entsprechend in den Fortbildungskursen angeboten (Konzepte psychischer Traumatisierung, Verlaufsmodell psychischer Traumatisierung (Fischer u. Riedesser 1999), Dialektik innerer und äußerer Faktoren und die Verbindung von Konflikt und Trauma, Basissymptome der Traumatisierung, Bedeutung neuerer neurowissenschaftlicher Erkenntnisse über die Grundlagen von Traumatisierung, Diagnosemöglichkeiten, allgemeine Regeln einer Psychotraumatherapie)

Psychotraumabehandlung mit der KIP, die die Auswirkungen traumatischer Erfahrungen auf das Erleben und Fühlen, das Denken und Wahrnehmen, auf Körperlichkeit und Handeln von Patientinnen berücksichtigt, verstehen wir als Spezialisierung und Erweiterung der Methode der Katathym Imaginativen Psychotherapie. Sie basiert auf theoretischen und praktischen Erkenntnissen der KIP und der Tiefenpsychologie, den neueren Strömungen der Psychoanalyse, der Psychotraumatologie und Neurobiologie. Dabei zielen auch wir, wie in den modernen Traumatherapien üblich, auf eine Abfolge von Stabilisierung, Traumabearbeitung und Integration des Traumas in die Persönlichkeit. Die klinische Erfahrung zeigt, dass dieser Ansatz, der Tagtraum/Imagination und Phantasie betont, im Rahmen wirksamer Psychotraumatherapien, einen wichtigen Beitrag leistet.

Unser Behandlungsansatz richtet sich vor allem auf Patientinnen, die in der Kindheit, durch Beziehung, also menschlich verursacht, traumatisiert (z.B. durch Vernachlässigung, seelische Grausamkeit, Misshandlung, sexuellem Missbrauch, Trennung, Krieg, Verfolgung, Vertreibung) wurden, kann aber auch bei akuter Traumatisierung angewandt werden.

Wenn imaginative Stabilisierung, Auseinandersetzung mit dem Trauma und Motive zur Integration des Traumas angeboten werden, so geschieht all dies im Rahmen einer tiefenpsychologischen und analytischen Psychotherapie. Imaginativ wird zu Beginn der Behandlung, in der Stabilisierungsphase, der Patientin auf der Basis einer sicherheit- und haltgewährenden Beziehung zur Psychotherapeutin ermöglicht ihr Ich zu stabilisieren und ihre Affekte positiv zu verändern, indem sie sich zunächst einen sicherer, geschützter Ort in der Vorstellung generiert, an dem sie als erwachsene Person stets gegenwärtig ist. An diesem imaginären Ort wird sie später hilfreichen, unterstützende Gestalten und ihrem unverletzten und ihrem inneren Kind begegnen. So werden durch aktive Modifizierungen, so die Hypothese, in Form alternativer Vorstellungen, hilfreiche Subjekt- Objekt-Interaktionen entwickelt und intrapsychisch repräsentiert. Dieses Szenario (sicherer, geschützter Ort, schützende, unterstützende und wehrhafte Begleiter in Bezogenheit zur erwachsenen Patientin), und das ist entscheidend für die weitere Behandlung, das wiederum Sicherheit und Halt vermittelt, ist Ausgangspunkt für alle weiteren imaginativen Aktionen und Interaktionen. Von hier aus startet die erwachsene Patientin zusammen mit ausgewählten hilfreichen Gestalten in die imaginative Auseinandersetzung mit traumatisch Geschehenem und Erlebtem (traumatische Szenen, verletztes Kind, Täterrepräsentanz, Introjekt, Affektkonkretisierung). Sie kehrt aber auch an diesen wieder zurück, nach der Konfrontation mit belastenden imaginativen Szenen und deren aktiver Modifizierung (z.B. Grenzziehung gegenüber den als vernichtend erlebten Täterrepräsentanzen und Introjekten oder deren Unschädlichmachen). An den sicheren und geschützten Ort werden auch verletzte, kranke, gedemütigte, vernachlässigte oder verlassene Kinder mitgenommen und erhalten das an Zuwendung, Sicherheit und Fürsorge, an Geborgenheit und Aufmerksamkeit, was sie jeweils brauchen. In einem solchermaßen gewählten imaginativen Vorgehen, das stets mit Stabilisierung beginnt und in der Stabilisierung endet, gewinnt die Patientin die Ich-Stärkung, die sie braucht, um ihren Alltag einigermaßen verlässlich bewältigen zu können und Kraft und Mut sich auf den weiteren psychotherapeutischen Prozess einzulassen und Veränderung zuzulassen. In dem zur Verfügung gestellten Phantasieraum können traumatischen Erfahrungen aktiv modifiziert und so Affekte weiter reguliert werden, können desymbolisierte Erfahrung resymbolisiert und Resomatisierungen aufgelöst werden (Desomatisierung). So können schließlich traumatische Erfahrungen langsam integriert, kann das erfahrene Leid als zur eigenen Biographie zugehörig angenommen werden. Psychotraumabehandlung mit der KIP gründet auf der dialogischen Anleitung zu einer permanenten Umgestaltung der Phantasiewelt als einer Möglichkeit der Traumaintegration und der Konfliktlösung. Sie verdankt sich der Wirkkraft innerer Bilder, »der systematischen Belebung von Phantasien und der Öffnung des »schöpferischen Raumes« (Wurmser 1993/1994) in der Behandlung.

Sichere Bindungsbeziehung und Übertragung

Psychotraumabehandlung mit der KIP bietet der Patientin eine feste »sichere Bindungsbeziehung« (Brisch 1999) an, in der sie Halt finden kann und emotional stabil getragen wird, was gewährleistet, die an traumatische Hilflosigkeit gebundene Angst allmählich zu reduzieren und immer mehr in den Hintergrund treten zu lassen. Wir lassen uns von Winnicotts zentraler Behandlungstrias: Halten, Behandeln und Sich-als-wirkliches-Gegenüber-Erweisen leiten und versuchen sie zu verwirklichen. und vermitteln so eine sicherere Bindungserfahrung, die internalisiert werden kann. Sie schafft Basis, auf der schließlich »der Zugang zu psychischen Destabilisierungen (Traumata, Ängste, Schmerzen, negative Übertragung, Wut- und Rachegefühle, destruktive Aggressivität)« auch in der imaginativen Auseinandersetzung erfolgen kann. Denn «nur auf der Basis einer festen therapeutischen Vertrauensbeziehung mit hinreichend vorhandenem positiven, ja »unzerstörbaren« Selbst- und Objektrepräsentanzen« (Auchter 1995, 67). ist dies möglich. Intrapsychisch wird die Bildung eines stabilen, verlässlichen »steuernden inneren Objekts«(König 1981) durch die meist stärker positive Idealisierung der Psychotherapeutin und durch die positive Bezogenheit in der aktuellen Beziehung begünstigt. Das Erfahren einer neuen sicheren Beziehung zur Psychotherapeutin verbunden mit einem Generieren neuer Subjekt-, Objekt- und Interaktionserfahrungen in der Imagination trägt zur Umstrukturierung alter Interaktionsrepräsentanzen bei, die hervorgehen aus den » Erfahrungen eines Selbst« mit

»einer vorgestellte oder tatsächlich erlebten Beziehung mit einem reagierenden anderen (Objekt) in einer bestimmten Situation (–) und schließen »Affekte und affektive Bewertungen ein« und implizieren Triebwünsche(Mertens 1992, S. 196). Eine sicher bindende Psychotherapeutin wirkt regulierend auf die Erregung und Affekte der Patientin ein und unterstützt in der Stabilisierungsphase und über die weiteren Phasen der Psychotherapie mit dieser Intention den gesamten Prozess der Psychotherapie und der Imaginationen, die in diesen eingebettet sind. Auf diese Weise können die Erfahrungen, die in der Beziehung zur Psychotherapeutin und in der Imagination erlebt werden und in denen sich Gefühle der Bindung, der körperlichen Nähe, der Geborgenheit und Sicherheit vermitteln, eine positive Veränderung des Selbstempfindens einleiten, die auch außerhalb der psychotherapeutischen Beziehung zu veränderten Erlebnisse des »Selbst in Gemeinschaft mit dem Anderen«(Stern), »Selbst-mit-dem-Anderen« (Fonagy, Target & Allison 2003, S. 846) anregen.

Die »sichere Bindungsbeziehung« wird in der imaginativen Tagtraumarbeit untermauert durch das Anbieten narzisstisch restitutiver Motive (z.B. Blume, die alles hat, was sie zum Gedeihen braucht, sicherer, geschützter Ort), wozu auch zusätzliche Selbstobjekte in Form hilfreicher, unterstützender Gestalten gehören, die die Patienten ebenfalls anerkennen und spiegeln. So wird auch auf imaginativer Ebene die Erfahrung einer sicheren neuen Bindung vermittelt. All diese Aspekte (narzisstisch restitutive Motive, tragende und haltende therapeutische Beziehung, sicherer Rahmen), ermöglichen »das akut (oder chronisch) geschwächte Ich so schnell wie möglich in seine angestammte Position zurückzuführen (...)« (Lorke u. Ehlert 1986, S. 352 ff.).

Damit die Patientin ein Gefühl der Sicherheit in der psychotherapeutischen Beziehung entwickeln und immer verlässlicher etablieren kann, sprechen wir sie frühzeitig als gleichberechtigte und selbstverantwortliche Partnerin an. Dies beinhaltet auch, Information über das Trauma und seine Entstehung zu vermitteln (die Patientin darf wissen, was ihrer traumatischen Reaktion zugrunde liegt), gemeinsam über Behandlungsziele zu sprechen und jeweils darzulegen, was wir mit einzelnen Imaginationsangeboten intendieren,. Dies geschieht, damit die Patientin weiß auf was sie sich einlässt, die Kontrolle über die Situation behält und das Gefühl der Wirkmächtigkeit und eigenen Kompetenz zurückgewinnt und sich auf der Realebene uns nicht ausgeliefert erleben muss. Unsere Informationen richten sich an die gesunden Ichanteile der Patientin (erwachsene Anteile) und tragen dazu bei, den so wichtigen Vorgang der therapeutischen Ich-Spaltung (beobachtendes, erwachsenes Ich und erlebendes Ich) zu fördern und das Arbeitsbündnis zu stärken. Das psychotherapeutische Arbeitsbündnis, in seinem Kern eine helfende und kooperative Beziehungsform zwischen Erwachsenen (vgl. Fischer u. Riedesser 1999), ist auch in seinen realitätsorientierten und rahmengebenden Formen Teil der sicheren Bindungsbeziehung.

Auch die Art und Weise, wie wir die Entspannungsinstruktion zur Einleitung einer Imagination vorgeben: (... und spüren Sie wie der Stuhl, auf dem Sie sitzen, Sie trägt und hält ... spüren Sie, wie ihre Füße guten Halt haben auf dem Boden auf dem sie stehen ... spüren Sie, wie Sie ganz getragen und gehalten sind) aber auch in unserer Motivvorgabe (Stellen Sie sich eine Landschaft vor, die Ihnen gefällt und in dieser Landschaft Ihren sicheren und geschützten Ort, an dem Sie als erwachsene Person gegenwärtig sind und an dem Sie sich ganz wohl und ganz geborgen erleben können, ganz sicher und ganz geschützt), unterstützt, dass die Gefühle von Sicherheit und Schutz, Halt und Geborgenheit gespürt werden können. Darüber hinaus werden Musikalität und Wärme unserer Stimme der Patientin Echtheit und Ernsthaftigkeit unseres Beziehungsangebots vermitteln.

Wenn es gelungen ist, das Ich der Patientin ausreichend zu stabilisieren, initiieren wir zusammen mit dem erwachsenen Anteil der Patientin (beobachtendes Ich), »einen Dialog mit dem inneren Kind« (Sandler 1989), ausgehend davon, wie sich das »innere Kind« in der therapeutischen Beziehung und der imaginativen Darstellung entfaltet und beobachten seine Entwicklung. Auf diese Weise kann es gelingen den » Drang nach Wiederherstellung unserer Beziehungen zu inneren oder verinnerlichten Objekten vermittels ihrer Neuschaffung in der Außenwelt«, der umso größer ist, »je geängstigter und bedrohter wir uns fühlen und je weniger wir glauben, uns und unsere Umwelt kontrollieren zu können ((Sandler 1989, S. 232/233.) einzudämmen und zu reflektieren. So kann die Patientin allmählich, die meist eingespurten und sich wiederholenden Übertragungsmuster zur Psychotherapeutin und zu anderen Menschen erkennen und schrittweise aufzulösen. Kurz sei hier erwähnt auf welche Übertragungsangebote wir in der Arbeit mit in der Kindheit beziehungstraumatisierten Patientinnen vor allem gefasst sein müssen. Bevorzugt wird die passiv erlittene traumatische Erschütterung der Beziehung zum anderen, mit ihren schädigenden und destruktiven Aspekten, soweit möglich aktiv mit je umgekehrten Vorzeichen. innerhalb der therapeutischen Beziehung, aber vor allem auch außerhalb, zu reinszenieren gesucht. Zwanghaft drängt häufig eine erlebte sadomasochistische Beziehungsgestaltung zur Wiederholung, in der gleichzeitig die Bitte um Aufhebung der Beschädigung enthalten ist. Es manifestieren sich in diesem Kontext vor allem die traumatisierende »Über-Ich-Übertragung« (Wurmser) (Der Andere wird unbewusst dazu verführt sich wie der Quäler aus der Kindheit zu verhalten) als masochistischer Übertragung und die »traumatisierenden Übertragung« (Holderegger 1993) als sadistischer Übertragung (die Patientin wird zum Täter am Anderen, lässt diesen erfahren, was ihr selbst als Kind widerfuhr). In der psychotherapeutischen Beziehung besteht die Gefahr einer Retraumatisierung, wenn diese Übertragungen nicht verstehend aufgelöst werden, es zu einer »unbewussten« Rollenübernahme (Sandler 1976) bei der Psychotherapeutin kommt und sie im Rollentausch die Gefühle übernimmt, die eigentlich zum Patienten gehören. Das Wissen der Psychotherapeutin um die Dynamik solcher Übertragungsbeziehung und ihre Sensibilität diese wahrzunehmen und entsprechend damit umzugehen, u.a. mittels einer imaginativen Be- und Verarbeitung (z.B. Auseinandersetzung mit Täterrepräsentanzen, dem traumatogenen Introjekt), minimiert die Gefahr in die Falle einer agierenden Gegenübertragung zu geraten. In dem es dem beobachtenden Ich der Patientin heute gelingt, die Gestaltung traumatisierender Beziehungsstrukturen in Form »grenzüberschreitender Beziehungsszenen« (Bauriedel 1998) in der Vergangenheit zu erkennen, gewinnt sie eine gesteigerte Sensibilität für Reinszenierungen »grenzüberschreitender Beziehungsszenen« in aktuellen Beziehungen und kann Vorstellungen entwickeln, wie Grenzen zu wahren und eine neue Art und Weise des »Selbst-mit-dem-Anderen« (Fonagy, Target, Allison 2003, S. 846) sich gestalten kann.

Funktion der Imaginationen

Bevor ich nun zwei zentrale Funktionen, die Imaginationen in der Psychotraumabehandlung umfassen können, erläutern werde, von denen wir annehmen, dass sie den psychotherapeutischen Prozess steuern, möchte ich den Begriff Imagination, wie er hier zugrunde gelegt wird, darlegen. In ihm ist allgemein das lateinische Wort »imago«, das Bild, Vorstellung bedeutet, enthalten. Ob wir nun träumen, phantasieren, oder tagträumen stets sind diese Vorgänge von Bildern geprägt. Aber auch unsere Denkprozesse, so lehrt uns unsere Erfahrung, sind davon durchsetzt. Anschaulichkeit scheint ein allgemeines Merkmal bewusster und vorbewusster und unbewusster seelischer Prozesse zu sein. Denn der denkende und fühlende Mensch ist immer auch ein imaginierendes, beständig Bilder produzierendes und sie auch ständig von außen empfangendes Wesen, das über die natürliche Fähigkeit zur Imagination verfügt. Diese mentale symbolische Fähigkeit des Menschen, in Bildern zu denken und zu erleben, wird als bedeutungsvolle und Bedeutungen generierende psychische Tätigkeit begriffen (vgl. Soldt 2005), die externalisiert[1] und in ein Narrativ eingebunden, der Kommunikation und der Verständigung dient; darüber hinaus mit dazu beiträgt, unsere Affekte zu regulieren (vgl. Fonagy et al 2004, S. 298/299). Auf diese bedeutungsvolle Fähigkeit des Menschen greifen wir auch im psychotherapeutischen Prozess ganz gezielt zurück, wenn wir Imaginationen einsetzen, die immer auch Abkömmlinge unbewusster Phantasien und Vorgänge enthalten und sich in bildlich-symbolischen Szenarien, samt ihrer begleitenden Affekte, komprimiert und konkret zu präsentieren vermögen. In Anlehnung an Soldt (2005) gehen wir davon aus, dass auch im Tagtraum ein ständiges Hin- und Herwechseln zwischen primärprozesshaft gefügten Bilder und Imaginationen und ihrer sekundären Bearbeitung stattfindet, der wiederum eine neuerliche regressive Verwandlung folgt. In dieser Sichtweise, kann jeweils das

1 Externalisierungen wird hier als Phänom (Als-ob-Spiel, symbolischen Zeichnungen oder Bildern, Theater und Drama, der Rezeption von Märchen, künstlerischer Produktivität Phantasieren, Tagträumen) verstanden, bei dem die Realitätsprüfung unbeeinträchtigt bleibt und Affektregulierung möglich bleibt, davon zu unterscheiden ist Externalisierung als defensive Verzerrung der Realitätswahrnehmung (Fonagy et al. 2004, S. 299).

eine oder andere Prinzip im Vordergrund stehen und bestimmt damit ein jeweils mehr primär- beziehungsweise sekundärprozesshaft geprägtes anschaulich bildliches Denken das Tagtraumgeschehen.

Welche Funktionen sind es nun, die u. E. hauptsächlich das Tagtraumgeschehen leiten?

1. Umgestaltung der Phantasiewelt mittels der regulatorischen Kraft des Mentalen und des Einbezogenseins des Tagtraumgeschehen in die psychotherapeutische Beziehung
2. Durchbrechen des Wiederholungszwangs und die Transformation von Konflikten, Paradoxien und Widersprüche in Ich-Erweiterung.

Wenn wir für uns alleine tagträumen, imaginieren, bleiben wir mit unserer psychischen Realität alleine (verstanden als die Widerspiegelung der bewussten und unbewussten Phantasien und der Außenwelt, entstanden und permanent entstehend aus der Interaktion von äußerer und innerer Realität (vgl. Achilles 2004, S. 505). Dies ist anders, wenn wir Imaginationen in der Psychotherapie nutzen, denn dann teilen wir dieses innere Geschehen einem anderen mit. Auf diese Weise treten die psychische Realität der Patientin und die der Psychotherapeutin direkt in Interaktion und speist sich das, was im imaginativen Raum neu entsteht, aus diesen beiden psychischen Realitäten. In diesem interaktiven Prozess ermöglicht die Psychotherapeutin es der Patientin dank ihrer Fähigkeit, eine Spiegel-, Holding- und Containingfunktion auszuüben und angemessene Vertreterin der äußeren Realität zu sein, einen potentiell veränderbaren psychischen Raum zu gestalten (vgl. Dieter, 2005) In diesem können neue Erfahrungen gewagt werden, können neue Lösungsmöglichkeiten für bestehende ungelöste Konflikte gefunden und negative Affekte abgeschwächt, modifiziert und verändert und traumatische Erfahrungen als zur eigenen Geschichte zugehörig zugelassen werden. Auf diese Weise kann der psychische Innenraum der Patientin zum potentiellen Raum und damit zum Möglichkeitsraum im Sinne Winnicotts werden, kann die Heilkraft der Phantasie, wie sie auch dem schöpferisch künstlerischen Prozess zugrunde liegt, freigesetzt werden.

Die Realität im »Als-Ob-Modus« induzierter Tagträume zu erleben, gibt der Patientin die Möglichkeit, die imaginierte Szene aktiv zu kontrollieren, zu gestalten und nach Belieben zu modifizieren; dadurch kann sie ihre Affekte anders als in realen Situationen erleben, probeweise oder abgeschwächt (vgl. Dornes 2004, S. 186; Fonagy 2004). Während sich die Patientin, die zum Beispiel einer traumatisierenden Trennung passiv ausgeliefert war, sich angesichts dieses realen, im Gedächtnis repräsentierten Vorgangs als hilfloses Subjekt erlebte, wird sie in einer entsprechend psychotherapeutisch begleiteten imaginativen Reinszenierung zur aktiv Handelnden, die den Verlauf der Als-ob-Episode kontrolliert (vgl. Fonagy et al. 2004, S. 300). Im sicheren »Als-Ob-Modus« einer fiktiven repräsentationalen Welt ermöglicht eine solche qualitativ transformierte Reinszenierung eine emotional korrigierende Erfahrung, da sie positive Affekte der Urheberschaft und Wiedervereinigung erzeugt (zum Beispiel im Fall von Trennung oder Verlust mit dem verloren geglaubten Anderen). Diese positiven Affekte und Vorstellungen wirken der negativen Erinnerung, wie sie mit dem Originalvorgang assoziiert ist, entgegen (vgl. Fonagy et al., S. 2004,300/301).

Auf diese Weise kann auf der Basis allmählich entstehender Sicherheit und wachsenden Vertrauens zur Psychotherapeutin mit Hilfe von induzierten Tagträumen und deren schöpferischem Potential die Phantasiewelt im Verlauf der Psychotherapie langsam umgestaltet werden und so »eine neue Formung von Konfliktlösungen in der Auseinandersetzung mit Traumatisierung und überwältigenden Affekten« (Wurmser 1994, S. 10) ermöglicht und erreicht werden. Diese regulatorische Kraft des Mentalen, die im probeweisen Als-Ob der imaginativen szenischen, aktiven und modifizierenden Gestaltung liegt, erlaubt es der Patientin, sich vor allem auch Abgespaltenes allmählich resymbolisierend wieder anzueignen und damit isolierte Fragmente langsam wieder zusammenzuführen und Distanz zu überflutenden Affekten aufzubauen. So kann Spaltung und Dissoziation nach und nach aufgehoben und kann auch traumatische Erfahrung allmählich als zur eigenen Biographie zugehörig angenommen werden.

Das Durchbrechen des Wiederholungszwangs geschieht durch die gezielt dosierte, auch imaginativ induzierte Auseinandersetzung mit sowohl konflikthaften, als auch traumatischen Erfahrungen und Reaktionen. Stehen traumatische konflikthafte Erfahrungen im Vordergrund wird stets das beobachtende Ich der erwachsenen Patientin angesprochen, das nun in der psychotherapeutisch begleiteten imaginativen Reinszenierung zur aktiv Handelnden werden kann. Auf diese Weise kann ein »Verstehensrahmen für die bis dahin unbegreiflichen Einbrüche traumatischer Realität« (Bohleber 2000/2003) entstehen, der es dem stabilisierten Ich der Patientin erlaubt, langsam die Wahrnehmungs- und Bedeutungsverleugnung und damit die Ich-Spaltung, die Dissoziation, aufzuheben. In einem länger dauernden Prozess der Behandlung können mittels induzierter Tagträume verinnerlichte Traumata, die Bestandteil der inneren Struktur im Sinne der Introjektion geworden sind und sich in stetiger Selbsterniedrigung und -bestrafung, imaginativ und sprachlich symbolisiert äußern, im »Als-Ob-Modus« der Phantasie langsam modifiziert und so be- und durchgearbeitet werden. Mit Hilfe von Phantasie und Imagination wird so versucht, dem Schöpferischen einen Weg zu öffnen, um in einer übergreifenden Synthese vor allem dem Unerträglichen Worte zu geben(vgl. Wurmser). So kann ein Prozess in Gang gesetzt werden, bei dem langsam das Traumatisierende psychisch repräsentiert, kontrolliert und allmählich integriert werden kann (vgl. Steiner u. Krippner 2005, 2006). So betrachtet beinhaltet der gesamte psychotherapeutische Prozess den Versuch, die durch die Traumata bewirkten Konflikte, Paradoxien und Widersprüche, die das Seelenleben der Patientinnen zerreißen, so miteinander zu vermitteln, dass eine Transformation gelingt und Ich-Erweiterung möglich wird (vergleiche Wurmser 1987; Fischer 1998) und damit ein verändertes Selbsterleben, in dem das Gefühl, lebendig zu sein und ein eigenes Selbst beanspruchen zu dürfen, u. U. überhaupt erst gewonnen wird. Ein eigenes Selbst beanspruchen zu dürfen, bedeutet auch, sich das Recht auf ein selbstverantwortetes und -verantwortliches Leben zu nehmen, eigene Vorstellungen, Bilder davon zu entwerfen und die emanzipatorische Kraft zu nutzen, die darin liegt, nicht mehr länger sich nur als Opfer der Verhältnisse zu erleben, sondern Quälendes wahrnehmen zu dürfen, eigene Anteile erkennen zu können, Verleugnung aufzuhaben und darüber reflektieren zu können und sinnvolle lebenspraktische Schritte zur Veränderung einzuleiten.

Kritische Anmerkung zum Traumabegriff der gängigen diagnostischen Manuale

Bevor ich auf den Einsatz von Imaginationen in der Psychotraumabehandlung, im Form eines Überblicks zu sprechen komme, möchte ich in der gebotenen Kürze den Traumabegriff der gängigen diagnostischen Manuale kritisch in den Blick nehmen (ein Eingehen auf die verschiedenen Traumabegriffe, kann an dieser Stelle nicht geleistet werden), denn es sollte uns interessieren, welche Begriffe den Diagnosen zugrunde liegen, die uns zur Verschlüsselung von körperlichem und seelischem Verletzungen nach den diagnostischen Manuale, wie dem ICD (International Classification of Desease) und dem DSM (Diagnostisch-Statistisches Manual) angeboten werden. Denn sie sind ausschließlich symptomorientiert und klammern einen psychodynamischen und damit neurosenpsychologischen Zugang aus. Eine rein symptomorientierte Diagnostik verliert aber allzu leicht aus dem Blick, dass der » psychologische Kern oder die Wahrheit des Traumas« »von einer unerträglichen seelischen Grausamkeit gebildet« wird, und Trauma auf der Ebene des Subjekts »unermessliches seelisches Leiden« (Hillebrandt 2004, S. 23) bedeutet. Da ICD und dem DSM ein psychisches Trauma in undialektischer Weise mit dem Ereignis gleichsetzen (in Analogie wäre danach in der Medizin ein Schädel-Hirn-Trauma als Folge eines Unfalls, mit diesem identisch) berücksichtigen sie das umfassende Erleben des Individuums nicht, sondern haben allgemeine symptomatische Reaktionen auf das Ereignis im Blick.

Diese Manuale treffen bezogen auf Traumata folgende Unterscheidung:

- zwischenmenschlich verursachte Traumata (genannt werden: Geiselnahme, politische Verfolgung, Krieg, Missbrauch, Misshandlung),
- und Katastrophen und unfallbedingte Traumata (Naturkatastrophen), Technische Katastrophen (zum Beispiel Giftgaskatastrophen), Berufsbedingte Katastrophen (zum Beispiel Feuerwehr, Polizei, Militär), Arbeitsunfälle (zum Beispiel Grubenunglück, Verkehrsunfälle).

Bei den zuletzt genannten Traumata handelt es sich um solche rein konkret-perzeptueller Art. Bei den zwischenmenschlich verursachten Traumata fehlen in den Manualen die rein emotional-kommunikativen und somit auch die reinen Beziehungstraumata (unter anderen emotionaler Missbrauch, Double-bind, Vernachlässigung und seelische Grausamkeit durch nahe Bezugspersonen, Trennung, Verlust). Eine Phänomenologie menschlich verursachter Traumata sollte u. E. immer auch Traumata rein emotional-kommunikativer Art mit berücksichtigen, wobei dann grob unterscheiden werden kann zwischen:

- »politisch-gesellschaftlichen Instanzen und kriminellen Strukturen, die das Subjekt einschüchtern, unterwerfen, zu Hörigkeit und Verrat zwingen, seine Persönlichkeit manipulativ verändern bis hin zu Gehirnwäsche;
- persönlichen Beziehungen, die zu fortgesetzter Verunsicherung führen durch Double-bind, Missachtung des eigenen Ausdrucks und der eigenen Wahrnehmung (Seelenblindheit) oder durch emotionale Kälte, Vernachlässigung, Demütigung und seelische Grausamkeit;
- sexuellem Missbrauch und anderen physischen Gewalttaten bis hin zu physischer Folter« (Steiner u. Krippner 2006, S. 14/15).

Reale Traumatisierungen, die sich in Beziehung ereignen und rein emotional-kommunikativer Art sein können, müssen u. E. in entsprechenden Diagnosen berücksichtigt werden, sowie die daraus resultierende Bedeutung intrapsychischer Konflikte. Denn Trauma und Konflikt sind nicht als Gegensätze zu verstehen, sondern in Relation zu sehen. Denn klinisch lässt sic belegen, dass die Konflikte umso absoluter sind, je schwerer die Traumatisierung ist (vgl. Wurmser u.a. 1990). Hinter schweren Neurosen, davon muss ausgegangen werden, verbergen sich schwere psychische Traumata der Seelenblindheit, bis hin zum Seelenmord (vgl. Wurmser u.a. 1999).

Darüber hinaus sollte grundsätzlich in der klinischen Praxis immer bedacht werden, dass dem traumatischen Ereignis auf menschlicher Ebene das traumatische Erlebnis/Erleben entspricht und eine eingetretene körperliche oder seelische Verletzung (Trauma) leicht sein kann, bis hin zu schwersten Verletzungen. Dabei kann das traumatische Ereignis selbst kurzdauernd, einmalig oder länger dauernd und wiederholt oder kumulativ (verschiedene traumatische Ereignisse) sein und von unterschiedlicher Intensität. Die Qualität des traumatischen Erlebens ist abhängig vom Alter der Person und den individuellen Verarbeitungs- und Bewältigungsmöglichkeiten. Was die Folgen von Traumatisierung angeht, ist zwischen den Folgen früher infantiler psychischer Traumatisierung zu unterscheiden und den Folgen im Erwachsenenalter. Wie und auf welche Weise ein traumatisches Ereignis bei einem Kind, Jugendlichen oder Erwachsenen seine subjektive traumatische Qualität erhält, wird stets beeinflusst von der Verwobenheit momentaner und lebensgeschichtlich-vergangener individueller Bedingungen und der Intensität des traumatischen Ereignisses.

Stabilisierung mittels spezifischer Tagtraummotive

Stabilisierung bedeutet im psychotherapeutischen Kontext »das akut (oder chronisch) geschwächte Ich so schnell wie möglich in seine angestammte Position zurückzuführen ... Denn eine psychotherapeutische Bearbeitung des Traumas setzt zwingend voraus, dass sich das Ich »von der traumatischen Erschütterung so weit erholt hat, dass es sich sicher genug fühlen kann, sich auf die Schwächung seiner Position, (...), einlassen zu können« (Lorke u. Ehlert 1986, Seite 352 ff.). Was dies auf der Ebene Patientin-Psychotherapeutin beinhalten sollte, habe ich bereits weiter oben skizziert und darauf hingewiesen, dass es immer wieder darum geht eine Spiegel-, Holding- und Containingfunktion auszuüben. Das versuchen wir auch mit der Vorgabe entsprechender Motive zur Imagination zu verwirklichen. Imaginativ wird in der Phase der Stabilisierung grundsätzlich *Ressourcen-orientiert* vorgegangen und es werden *Motive zur narzisstischen Restitution* (Steiner 2001) angeboten. Dies deshalb, weil Traumatisierung das Selbstwertgefühl fundamental erschüttert hat, und zu einer »Fragmentierung des Selbst«, zu Dissoziation geführt hat, »als Ausdruck jener psychischen Hilflosigkeit«, die den traumatischen Zustand kennzeichnet und »hinter allen schärfer bestimmten Ängsten steht..«(Rangell, zit. in Wurmser). Das Zurückgewinnen der narzisstischen Homöostase und damit eines optimaleren Niveaus des Selbstwertgefühls ist dringend erforderlich und begründet das Anbieten von imaginativen Kompensationsmöglichkeiten zur Ich-Stabilisierung. Die induzierten Imaginationen, eingebettet in die haltgebende Anwesenheit der Psychotherapeutin, das zeigt die klinische Erfahrung, befriedigen das grundlegende Bedürfnis des Menschen nach Sicherheit (zum Sicherheitsgefühl und Erleben vgl. Sandler 1998, S. 24).

In der Anfangsphase bieten wir bei akuter Traumatisierung (Krisenintervention) in der Phase des therapeutischen Prozesses, wenn Traumata klar zu erkennen sind und die Abwehr gelockert ist, das Motiv *Blume am sicheren und geschützten Ort* an. Dort bekommt die Blume in der Imagination alles, was sie zu einem guten Gedeihen braucht. Damit stellen wir initial der Patientin einen Möglichkeitsraum für potentielle Selbstentfaltung und -entwicklung bereit. Denn diese Vorgabe beinhaltet auch ein metaphorisches Entwicklungsangebot, da sie unsere Vorstellung transportiert, wohin sich der psychotherapeutische Prozess in Zukunft bewegen kann. Winnicott verglich in einem Brief an Klein (1952) den Psychoanalytiker bildlich mit einem Gärtner, der eine Narzisse wachsen lässt, was für ihn bedeutet, durch hinreichend gute Pflege der Zwiebel die Möglichkeit zu verschaffen, sich hin zu einer Narzisse zu entfalten (vergleiche Winnicott 1987, S. 81).

Wenn Patientinnen zu uns in Behandlung kommen, die ihre Traumatisierung verdrängen müssen und immer dort, wo wir noch mehr Klarheit über die Bedeutung der Traumatisierung für das Selbst der Patientin gewinnen möchten, bieten wir in der diagnostischen Phase zunächst das Blumenmotiv an (*»Stellen Sie sich eine Blume vor, oder was sonst auch immer in Ihrer Vorstellung auftauchen mag«*). Legen dann spezifische Störungszeichen (z.B. verdörrte, beschädigte, entwurzelte, abgeschnittene Blume), neben anamnestischen Daten und szenischer Information Traumatisierung nahe, leiten wir noch in der gleichen Sitzung die Patientin an, sich eine Blume vorzustellen, die alles hat, was sie zum guten Gedeihen braucht. Wenn es sich z.B. um eine verdorrte Blume handelt, sagen wir der Patientin, sie möge sich diese Blume in einem Zustand vorstellen, in dem sie noch ganz lebendig war und leiten sie im weiteren so an, dass ein gutes Gedeihen möglich wird.

Das Motiv des sicheren Ortes (Jollet, Krippner, Krägeloh 1990), (Reddemann & Sachsse 1995), das sich als stabilisierendes Motiv mittlerweile im Rahmen vieler Traumatherapien bewährt hat, wurde seit 1989 erfolgreich in der Behandlung von Borderline-Patientinnen angewendet, als die Bedeutung von Traumata in der Genese dieser Erkrankung noch kaum diskutiert wurde. Wir verwenden dieses Motiv heute mit der Vorgabe: »Stellen Sie sich eine Landschaft vor, die Ihnen gefällt und in dieser Landschaft Ihren ›sicheren und geschützten Ort‹, an dem Sie sich ganz wohl und ganz geborgen erleben und an dem Sie als erwachsene Person gegenwärtig sind«. In der Psychotraumabehandlung mit der KIP ist dieser sichere und geschützten Ort Ausgangsbasis für die gesamte weitere imaginative Tagtraumarbeit und wird die Patientin ständig begleiten, wodurch er sich intrapsychisch repräsentiert, dauerhaft verfestigt und seine stabilisierende Wirkung umso verlässlicher entfalten kann. Selbstverständlich kann sich dieser Ort über die Zeit verändern, was uns zusätzliche Informationen liefert.

Die folgenden Fallbeispiele sollen helfen die stabilisierende Wirkung der Imaginationen zu demonstrieren, als erstes in der Verbindung zum Motiv des Sicheren und geschützten Ortes:

Es geht um eine Patientin, Dorothea, die nach dem Verlust einer langjährigen nahen Freundin durch Brustkrebs und nach einer Myomoperation an der Gebärmutter in tiefe Traurigkeit verfiel und sich mit Selbstzerstörungsphantasien plagte, mit Vorstellungen, sich zu suizidieren, zu ritzen und zu schlagen, die ihr Erleichterung verschafften. Sie kannte diese Phantasien schon lange, auch tauchten sie in Träumen auf und in Konfliktsituationen. Sie schämte sich für ihre Gefühle, sogar für ihre ganze Person, erlebte sich in ihrem zwiespältigen Gefühlskampf als lächerlich und wollte mit ihrer Schwachheit und ihren Gefühlen, die sie vor anderen zu verstecken suchte, nicht mehr leben. In dieser Phase der Destabilisierung und der psychischen Regression, gab ich ihr zur Ich-Stabilisierung das Motiv eines sicheren und geschützten Ortes vor, an dem die erwachsene Patientin sich wohl und geborgen erleben konnte. Sie imaginierte sich auf einem Berg und spürte einen starken Wind, der ihr gut tat. Sie wusste nicht, ob sie fliege, schaute aber auf jeden Fall aufs Meer, was sie wiederum als sehr wohltuend empfand. Sie spürte, wie angenehm es ist, wenn die Gedanken mit dem Wind weggehen, es aber auch immer wieder eine Tendenz gibt, sich wieder in der Arbeit zu verwickeln. Insgesamt unterstützte ich fortwährend Dorothea durch entsprechende Interventionen darin, an ihrem sicheren, geschützten Ort dem Angenehmen zu folgen, es zu spüren und das zu tun, was Sie gerne tun möchte. Zu Beginn der nächsten Stunde sagt sie:

Der Tagtraum war für mich sehr entspannend und ich konnte meine Arbeit mit wesentlich mehr Ruhe tun.

Weitere stabilisierender und damit *narzisstische restitutive Motive* können die Entfaltung imaginativer Fähigkeiten weiter fördern und die Möglichkeiten der verbalen und imaginativen Symbolisierung. Wir greifen hier auf Motive zurück, die Szenen des Wohlbehagens, der unbedrohten narzisstischen Größe, der Beruhigung und des inneren Ausgleichs, wie sie sich klinisch in Tagträumen spontan immer wieder zeigten und haben sie um weitere ergänzt (Tempel der Stille, heilende Sonnenstrahlen, Heilwasser). Wenn Patientinnen in solche angenehm und wohltuend empfundenen Szenen (z.B. Baden oder Schwimmen im Wasser einer Quelle, eines Bachs oder einem See; Trinken des Wassers) imaginativ eintauchten, so ging dies »oft mit erstaunlichen klinischen Besserungen einher, sowohl bei psychoneurotisch wie auch bei psychosomatisch Erkrankten«. Die »imaginativen Abläufe gingen mit einer tiefen psychophysischen Entspannung einher, verbunden mit dem Gefühl des Einsseins mit der Umgebung. Altersregressionen waren häufig, die Patienten fühlten sich jünger« (Wilke 1996, S. 106). Das Anbieten ressourcenorientierter narzisstische restitutiver Motive hat auch die Funktion maligne Regressionen aufzuhalten oder zu unterbinden, damit ein entängstigteres, stabileres Ich sich auf den weiteren psychotherapeutischen Prozess einlassen kann. Wenn wir dann in der Imagination noch auf sinnlich Erfahrbares (hat in der KIP eine lange Tradition) fokussieren, ermöglich wir der Patientin das Vorgestellte über alle Sinnesmodalitäten feinst abgestuft wahrzunehmen. Dadurch unterstützen wir vertiefend ihr Selbsterleben und -verstehen, initiieren ihn bei eingefrorenem Erleben überhaupt erst wieder und setzen so langsam einen Prozess der wieder beginnenden Selbstfürsorge in Gang, den wir wohlwollend begleiten. Darüber hinaus können sinnlich Erfahrbares und die damit einhergehenden Gefühle im fortschreitenden psychotherapeutischen Geschehen uns als Affektbrücke zu verdrängten Szenen der Vergangenheit dienen und entsprechend psychotherapeutisch genutzt werden. Wenn wir in der Phase der Stabilisierung Motive mit dem Fokus auf einer wunschgemäßen Gestaltung verwenden, legen wir immer Wert darauf, die Imagination so anzuleiten, dass die Patientin sich wohlfühlen kann, sie Gelegenheit hat das zu tun, was sie gerne tun möchte, was geschehen müsste, um eine angemessene Lösung zu finden und was geeignet ist, hilfreich zu sein.

Immer da, wo Patientinnen von *intrusivem Material* überflutet werden, ist es wichtig, sie entsprechend zu erden. Dabei ist in Psychotraumabehandlungen allgemein üblich und für Patientinnen haltgebend ihnen zu sagen: *»Sie sind jetzt hier in Sicherheit, das was geschehen ist, ist Vergangenheit und spüren hier jetzt, den festen Boden unter Ihren Füßen und den Sessel, der sie trägt und hält«*(vgl. u.a.). Außerdem ist es entlastend den Patienten eine Möglichkeit der momentanen Abwehr und damit der Angstbewältigung anzubieten, damit sie sich wieder stabilisieren können. Wir vermitteln dies Patientinnen entsprechend zielorientiert und ergänzen, dass das, was imaginativ im Tresor (z.B. als Filmkassette, DVD) abgelegt und verschlossen wurde, nach und nach allmählich wieder aus dem Tresor geholt werden und dosiert betrachtet und bearbeitet werden kann. Das *Tresor-Motiv* bieten wir in abgewandelter Form zur »Tresorübung« von Reddemann u. Sachsse (1996) an, eine imaginative Möglichkeit zum kontrollierten Umgang mit intrusivem Material. Sind bereits hilfreiche Gestalten imaginativ etabliert, begleiten diese selbstverständlich diesen Prozess.

Der gezielte Einsatz hilfreicher Gestalten als »innere Helfer« in Rahmen der Traumatherapie geht auf Reddemann und Sachsse (1995, 1997) zurück, die sich bei ihrer Ableitung dieses Motivs auf Leuner beziehen. Leuner (1985) hat darauf hingewiesen, wie wichtig es ist nach dem Durchleben einer traumatischen Situation intensiv wirkende, zielorientierte therapeutische Interventionen anzubieten, durch die Vorgabe einer *hilfreichen, schützenden* und *unterstützenden Gestalt*. Er hat diesen idealisierten, sog. »Führungsgestalten«, die auch spontan in Tagträumen auftauchten, eine unmittelbare, das Ich stärkende Wirkung zugesprochen (vgl. Leuner 1985, S. 197). In der Psychotraumabehandlung mit der KIP leiten wir die Patientin bereits vor dem Durchleben einer traumatischen Situation an, hilfreiche Gestalten mit unterschiedlichen Qualitäten (z.B. Kraft, Wehrhaftigkeit, Übersicht, und Weisheit) imaginativ zu entwickelt, die entsprechend ihrer Fähigkeiten und Möglichkeiten, die sie verkörpern, die Patientin im weiteren unterstützen und begleiten können. Mit der Vorgabe »hilfreiche, schützende und unterstützender Gestalten« zielen wir auch hier auf die Ich-Stärkende Wirkung dieses Motivs. U.E: kommt diesen Gestalten die Funktion eines idealen Selbstobjekts zu. Kann die Patientin es zulassen, sie aktuell zu generieren und sie mit positiven Selbstobjektanteilen aus der Kindheit zu amalgamieren, stehen sie in spiegelnder, hilfreicher unterstützender Bezogenheit zu ihrem Selbst. Da der

Mensch, so wie Kohut sagt, ein Leben lang die Spiegelung des Selbst durch Selbstobjekte (genauer: durch die Selbstobjekt-Aspekte seiner Liebesobjekte) (vgl. Kohut 1979, 163) braucht, eignen sich diese Vorstellungen/Phantasien, besonders als Gegenmacht zu traumatisierenden Beziehungserfahrungen. Sofern nicht spontan aufgetreten, wird *Kontakt zur weisen Gestalt* (Fuller, Leuner, Krippner) auch zu einem *starken, kräftigen, wehrhaften Tier* gesucht.

Wenn der sichere, geschützte Ort und der Zugang zu hilfreichen Gestalten imaginativ sicher etabliert ist und diese Imagination ihre entängstigende und damit stabilisierende Funktion entfalten können, gehen wird zur Arbeit mit dem *»inneren Kind«* über. Wir arbeiten so mit diesem Konzept, dass es mit zur Stabilisierung beiträgt (unverletztes Kind) und wir danach mit der Auseinandersetzung mit traumatischen Erfahrungen beginnen können. In der Psychotraumabehandlung mit der KIP differenzieren wir das Konzept des »inneren Kindes«[2] in folgenden Aspekten, die wir dann imaginativ entsprechend nacheinander Gestalt annehmen lassen und induzieren auf diese weise eine Altersregression:

- mit der stabilisierenden Motivvorgabe des »inneren unverletzten Kindes«, konkretisieren wir eine »ideale« Selbstrepräsentanz, die neben oder anstelle anderer Idealvorstellungen auftreten kann,
- die Motivvorgabe »inneres Kind«, hebt verstärkt auf die »empirische« Selbstrepräsentanz ab, die verdichtet das Gesamt an Kinderfahrungen einer spezifischen Altersstufe umfassen kann
- die Motivvorgabe »verletztes inneres Kind« fokussiert auf die traumatisierte Selbstrepräsentanz mit ihren historischen Beziehungen und Phantasien darüber.

2 Es gibt verschiedene Konzepte zum inneren Kind, psychoanalytische Konzepte (u.a. Balint, Sandler, Ermann) analytische (Wirtz) und humanistische. Sandler hat dezidiert gefordert in der psychoanalytischen Arbeit mehr Gebrauch vom Konzept des inneren Kindes zu machen und Ermann regt an, einen Dialog der erwachsenen Patientin über das innere Kind zu initiieren – ein Prozess, der u.a. sehr hilfreich ist, um Übertragungen zu entschlüsseln, sich nämlich so zu fühlen, als ob man wieder ein Kind, in einer bestimmten Situation sei und völlig oder zumindest partiell aus seiner erwachsenen Position auszusteigen. Die KIP begegnet in der sog. spontanen oder induzierten Altersregression dem inneren Kind.

Wenn wir zur weiteren Stabilisierung das *Motiv des inneren unverletzten Kindes* (Steiner 2002) anbieten, knüpfen wir sowohl an Wunschvorstellungen an, auch an erlebte Szenen und Momente des Unverletztseins, als auch an die Möglichkeit eine ideale innere Selbstrepräsentanz neu zu generieren und damit Vollständigkeit, Ganzheit und Lebendigkeit zu erfahren und zu erleben. Indem das »innere unverletzte Kind« und die »hilfreichen Gestalten« zusammen mit der Imago des Patienten von sich selbst im Tagtraum interagieren, werden weitere Möglichkeitsräume für gelungenere Interaktionen gebahnt und positive innere Subjekt-Objekt-Interaktionen verfestigt. Unsere klinische Erfahrung zeigt uns, dass das Erleben empathischer Bezogenheit, das Erleben von Vollständigkeit und Lebendigkeit die Patientin darin ermutigt, sich in einer späteren Phase auch der Begegnung mit dem traumatisierten Kind und weiteren traumatisierenden Erfahrungen zu stellen.

Wie Dorothea, die in der Fallvignette weiter oben schon vorgestellt, eine Begegnung mit dem »unverletzten Kind« gelingt, soll folgendes Beispiel zeigen. (Fortsetzung folgt)

Diskussionsforum

Zur Trennungserfahrung und einige andere Gedanken – Fragen von Peter Geißler (P. G.) an Jörg Scharff (J. S.):

P. G.:
Der Aspekt »*Trennung*« scheint mir im psychoanalytischen Denken eine besonders Rolle zu spielen – Trennungserfahrungen enthalten seelisch strukturbildende Momente. Bion hat ja – glaube ich – diesen Gedanken noch zugespitzt, wenn er meinte, das Denken beginne geradezu mit der Trennung von der Mutterbrust – eine Behauptung, die man angesichts der Bindungs- und Säuglingsforschung in dieser Form wahrscheinlich schwer aufrecht erhalten kann. Ich denke mir, dass die Trennungserfahrung schon wichtig ist, aber dass Bindungserfahrungen natürlich genauso wichtig und strukturbildend sind.

J. S.:
Als erstes fällt mir ein, dass man sich vielleicht fragen muss, was man eigentlich mit »Denken« meint. Wenn damit zum Beispiel gemeint ist, dass man sich nicht im Raum des direkten sinnlichen und unmittelbaren Erlebens bewegt, sondern dass das Denken ein Raum ist, der sich von dem direkten Objekteindruck löst, sich Vorstellungen vom Objekt macht und mit diesem differenziert umgehen kann, dann wäre das zum Beispiel eine Definition. Und hier wäre zweifellos die Trennungserfahrung – deren Natur – ausgesprochen wichtig. In der Psychoanalyse versucht man das zum Teil so zu konzeptualisieren, dass man sagt, die Vorstellung hält sich in dem Raum auf, in dem das Objekt gewesen ist. Wenn sich nun aber mit dem Objekt durch Trauma, durch unangemessenes Verhalten oder auch ein mögliches genetisches Entgegenkommen im Sinne geringer Trennungs-Toleranz usw. eine nicht zu verarbeitende, wenn man so will traumatische Trennungserfahrung konstelliert – dann ist damit auch der Raum für die Vorstellung beschädigt! Das

heißt, dass dann meist nicht die Leere ausgehalten werden kann, die den Hintergrund dafür abgibt, dass sich eine Vorstellung entwickelt (in dem Sinn: ich denke jetzt an...) (und das ist eben ein Prozess der ursprünglich mit starken affektiven Momenten verbunden ist, deren Kern die geleistete und mögliche »Trauer über den Verlust« bildet). Green schreibt über diese Vorgänge in seinem Aufsatz über die tote Mutter, dort sagt er, dass die abwesende Mutter den Hintergrund für die Bühne des Lebens und der Vorstellungen von der Mutter bildet. Und oft ist es so, dass aus dem »guten Objekt«, das aus irgend einem Grund nicht in die Abwesenheit entlassen werden kann (oder sich selbst nicht in die Abwesenheit entlässt) dann auch ein überall anwesendes, negatives Objekt wird, etwas was in der Psychoanalyse als verfolgendes Objekt beschrieben wird. Borderline-Patienten fühlen sich ja mit ihrer Nähe-Distanzproblematik oft auch vom andern total besetzt und können ihn gar nicht in eine gutartige Abwesenheit bringen, indem sie über ihr Verhältnis zum Anderen nachdenken können. Ein Strom der Psychoanalyse und zwar ein sehr wichtiger beschreibt also die Bedeutung der Trennungserfahrung. Natürlich entscheidet schon die Art und Weise, wie die Mutter anwesend ist und mit dem Kind in Anwesenheit und Abwesenheit »spielt«, auch über die Weise, wie sich das Kind in der Welt fühlt. Mütter zum Beispiel, die ihre eigene Abwesenheit nicht tolerieren können, sind häufig intrusiv und stören damit schon als anwesende das Spiel des Kindes – darauf habe ich in meiner Arbeit über die inneren und äußeren Perspektiven hingewiesen, als ich ein Beispiel von Lichtenberg zitierte, wo die Mutter das Spiel des Kindes stört. Hier sieht man im übrigen, wie sichtbare Beobachtungen – Lichtenberg beobachtet ja nur das Spiel – in ihrer Interpretation wiederum oft auch auf unsichtbare Vorgänge, das heißt auf Hypothesen und Annahmen angewiesen sind. Und ich denke das ist einer der Streitpunkte und der Kontroversen zwischen, sagen wir mal der klassischen Psychoanalyse und der Säuglingsforschung: man hält sich in der Säuglingsforschung mit Recht an das, was man beobachten und sehen kann und zieht daraus dann seine Schlüsse. (Wobei alle Wissenschaftsforschung einem sagt, dass auch in die Beobachtung schon Hypothesen eingehen, und es sind ja gerade auch psychoanalytische Hypothesen gewesen, die die Säuglingsforschung, wie sie etwa Stern und Lichtenberg betrieben haben, so beflügelt hat). Die Psychoanalyse und hier ist natürlich Green einer der Exponenten, besteht aber darauf, dass das Kind nicht nur unmittelbar in der Beziehung mit seinen äußeren Objekten ist und mit denen quasi seinen Tanz vollführt, sondern dass das Kind sich auch quasi einen inneren Abdruck von diesen Beziehungen macht und mit diesen Beziehungen dann in seiner Fantasie/seinem Unbewussten/seinem ›Träumen‹ eben auch ein Spiel macht. Das heißt es kommt durch Fantasie, Primärprozess, durch Wunsch und Angst, durch das »Träumen« ein neues Moment hinzu – indem das real erlebte noch einmal in der Innenwelt einer Bearbeitung unterliegt. Und hier liegt der Punkt: ein Teil der Psychoanalyse legt großes Gewicht darauf, dass eben diese Traumkonfigurationen, diese durch eigenes Wünschen, durch eigene Ängste, oder auch durch typische Konfliktszenarien veränderten und überarbeiteten Innenwelten und Szenarien genauso maßgeblich für das Individuum und dessen Befindlichkeit in der Welt sind wie das, was es unmittelbar und direkt in seiner Beziehungsumgebung erlebt. Im Grunde stehen ja, darüber sind wir uns sicher einig, beide Welten ständig in einem Austausch. Und die eine korrigiert die andere, wenn man so will. Aber es kann immer auch sein, dass zum Beispiel und das wäre wieder ein psychoanalytischer Gedanke, die äußere Beziehung so beschaffen ist, dass sie die inneren Szenarien von Angst, Omnipotenz usw. nicht in benigner Weise mildert und abbaut – sondern geradezu noch verstärkt. Das ist genau das was Fonagy und seine Gruppe z.B. mit dem Fehlen der »Markierung« meinen – der innere Affekt des Säuglings, seiner eigenen Hypothese über die Welt wird praktisch eins zu eins bestätigt. Aber die Wichtigkeit einer solchen Markierung würde überhaupt nicht in den Blick kommen, wenn man nicht davon ausgehen würde, dass sich das Kind in seiner Innenwelt häufig sehr radikale Annahmen über die Verhältnisse der Welt macht! Und das ist eben die Frage – kann man das in der Säuglingsforschung sehen? Du kriegst vielleicht einen Spitzenaffekt mit, ein Schreien, oder einen furchtbaren Kummer, aber eben: – auch die innere Szene, der sich das Kind ausgesetzt sieht? (Meine Mutter hat mich verlassen, oder ich habe ihr Leben zerstört – so wie es in einem der Beispiele von Fonagy geschildert wird). Und wichtig ist zugleich eben auch, dass man dem Modell der Regulation, der Balance, der Abstimmung, der gegenseitigen Einigung zwischen Mutter/Vater und Kind eben auch parallel laufen lässt ein Modell, das Raum lässt für das, was nicht abgestimmt wird, oder zumindest für die Gefährdung, der die Abstimmung ständig unterliegt – sonst kommt man einfach zu schnell in harmonistische Modelle. Ich sage eine Banalität ... Und dann ist immer wieder die Frage, wie man das eigentlich reparieren kann? Reicht es, wenn das äußere Objekt sich anders einstellt? Wahrscheinlich ist es immer nur ein Faktor – es ist eben auch immer wieder zu berücksichtigen, wie tief sich die Annahmen über Beziehungsverläufe verfestigt haben, da kann ein Therapeut so gut und so beweglich sein wie er will – es gibt eben auch so etwas wie eine Art von »Notwendigkeit«, den Schrecken/das Versäumnis (Winnicott spricht vom ›notwendigen Fehler‹) innerhalb der therapeutischen Beziehung erneut zu etablieren. Auch darauf, meine ich jedenfalls, weist die Gruppe um Fonagy in ihren klinischen Fallschilderungen deutlich hin. Und hier liegt meine ja spürbare Distanz zur Selbstpsychologie, wenn sie, was ja möglicherweise gar nicht so ist, all zu ausschließlich auf die fördernde Rolle eines neuen Selbstobjekts fokussieren sollte. Ich würde soweit gehen zu sagen, dass man dann paradoxerweise auch wieder dem Patienten, der doch auch einen Raum für seine negativen Annahmen finden muss – nicht gerecht wird.

P. G.:

Dies ist vielleicht einerseits die Gepflogenheit in der analytischen Denk-Welt, immer wieder nach noch anderen Verstehensmöglichkeiten zu suchen, aber vielleicht auch eine Scham gegenüber dem Bekennen, methodisch wirklich mal anzustehen, und dann etwas anderes zu probieren. Am ehesten finde ich das in den Schriften von Dir selbst: wenn Du zur inszenierenden Interaktion wechselst und diesen Wechsel begründest. Ich frage mich, ob andere Psychoanalytiker-Kollegen es wirklich nur deswegen kaum in dieser Weise tun, weil sie in Körperpsychotherapie nicht gut genug ausgebildet sind, oder hier eher ein Über-Ich-Druck und auch ein Image-Faktor eine Rolle spielt, wie wenn es eine Art von Versagen wäre, etwas nicht doch noch verstehen zu können.

Das hieße dann für mich, dass den sicher sehr zahlreichen Möglichkeiten des Verstehens doch Vorrang eingeräumt wird vor allfälligen Erfahrungsmöglichkeiten, die man ev. nicht so leicht in Verstehenszusammenhänge bringen kann (ich denke hier z. B. an die Erfahrungen, die Stern im neuen Buch »Gegenwartsmomente« nennt).

J. S.:
Mit dem, was Du da sagst, ist ganz sicher ein Grundproblem angerührt. Ich glaube im Moment, dass man die Antwort einfach offen lassen muss. In manchen Fällen ist es wahrscheinlich so, dass man durch einen Settingwechsel oder durch eine andere Methode praktisch nur das Zimmer wechselt, aber später wieder auf die gleichen Probleme trifft, weil man das Problem selbst nicht verstanden hat. Das Bild wäre hier – man wechselt die Frau und hat mit der nächsten wieder die gleichen Probleme. Aber – es kann ja wirklich auch anders sein, dass man erkennen muss, man kommt mit seinem Werkzeug nicht so weit oder ist es zumindest nicht das optimale. Und daran können einen dann wirklich familiäre Gebundenheiten und Über-Ich Faktoren hindern – man fühlt sich vor der Familie als Versager, dabei weiß die Familie selber keine Antworten, die angemessen wären und schleppt ihre falschen Lösungen vor sich her. Ich weiß aber nicht, ob man unbedingt, den Versuch ›etwas zu verstehen‹ so stark gegen andere Erfahrungsmöglichkeiten stellen muss.

Leider habe ich das Buch über die Gegenwartsmomente noch nicht gelesen, ich kenne nur den ersten Aufsatz, der seinerzeit in der Psyche veröffentlicht worden ist. Ich habe aber den Eindruck, dass das Konzept, wie viele analytische Konzepte, vielleicht in einer Weise ausgeweitet wird, dass jetzt plötzlich jede fruchtbare Interaktion als Gegenwartsmoment konzeptualisiert wird. Was ich damit meine ist, dass das, was Stern zunächst einmal sehr originär und ursprünglich entwickelt hat – dass es nämlich um etwas völlig Neues geht, das ein Wagnis enthält und in dem der Analytiker nicht mehr aus der Routine heraus reagieren kann, sondern auch ganz persönlich gefordert ist und gerade das es ist, was mit zur Veränderung beiträgt – dass das vielleicht verloren geht. Aber ist damit eigentlich gesagt, dass dem nicht eine Art neuartigen Verstehens zu Grunde liegt? Dass man plötzlich eine Situation vielleicht auch neu sieht und sich von dorther auch anders verhalten kann? Entsteht so etwas einfach nur aus dem Bauch heraus? Oder kann es sein, dass man vielleicht nachträglich merkt, man hat sich neu verhalten, weil es mit einemmal möglich war, zu etwas, was sich bislang immer nur so und so dargestellt hat, plötzlich auch ein anderes (intuitives) Verständnis zu entwickeln?

P. G.:

Steht das Denken Bions eigentlich im Gegensatz zur modernen Säuglings-/Kleinkind-/Bindungsforschung und zu den neueren Neurowissenschaften, oder scheint es Dir mit dieser kompatibel zu sein? Das ist die erste Kernfrage, die mich bewegt, wenn ich Bions Gedanken lese. Das ist der Hintergrund meiner Frage ebenso, wenn ich mir Bion und Klein vergegenwärtige. Bion bezieht sich zwar nicht auf die Spaltung, aber auf andere Annahmen, wie z.B. frühe kognitionsartige Vorgänge, die von der Vorstellung (ist das eigentlich schon eine Vorstellung?) »böser Objekte« ausgeht, dass also » alle Objekte, nach denen Verlangen besteht, böse Objekte sind«, wie da zitiert wird.

Wenn ich einen Satz dieser Art lese, regt sich in mir ein gewisser Widerstand – und frage mich: kann man das so wirklich sagen? Ist die Bewertung »gut« / »böse« aus kindlicher Sicht in der Tat so etwas wie eine primäre Ordnung von Erfahrung? Oder sind Vorstellungen von »gut« und »böse« nicht eigentlich Erwachsenenkonstrukte, die man in kindliche Seelen hineinlegt?

J. S.:

Zu einem Teil der von Dir hier vorgelegten Fragen habe ich ja schon oben versucht etwas zu sagen. Ich will nochmal woanders anfangen. Hier in Frankfurt läuft seit einiger Zeit eine sehr interessante philosophische Diskussion um Axel Honneth herum, der ein starker Verfechter der Anerkennung ist und sich dabei u.a. mit seinem amerikanischen Kollegen Joel Whitebook auseinandersetzt. In der Psyche sind dazu mehrere Artikel erschienen. Ganz einfach formuliert stellt sich das Problem folgendermaßen dar. Die Psychoanalyse sagt, dass das Individuum aufgrund seiner Wunschbestimmtheit oder seiner Triebbestimmtheit immer einen Wunsch hat, der über das hinausgeht, was ihm die reale Welt bietet. Und das schafft praktisch eine Ablehnung der Welt gegenüber, ob nun primäre oder reaktive Aggressionen ist vielleicht gleich, jedenfalls ein aggressives Potenzial der Welt und dem Anderen gegenüber. Diejenigen, die die Anerkennung ins Zentrum stellen, verwenden nun diesen Vorgang genau umgekehrt: Sie sagen – nur als derjenige, der zunächst vom Anderen (in seinen Wünschen) anerkannt worden ist, kann man jemand werden, der dann auch den Anderen in seinen Wünschen anerkennt. Ganz zweifellos ist das wahr, es ist praktisch die andere Seite der ganzen Thematik und kann nicht weggedacht werden. Auf philosophischer Ebene hat sich Hegel mit dem ganzen Thema auseinander gesetzt. Bei der letzten Diskussion mit Axel Honneth wurde nun deutlich, dass er auch Einschränkungen macht, was die ausdrückliche Betonung angeht, die auf die Wichtigkeit der Anerkennung durch den Anderen gelegt wird. Er sagte, dass es auch im Individuum selbst ein Widerstreben gibt, den Anderen anzuerkennen und dass das eben genau damit zusammenhängt, dass der andere in seiner Qualität als »Anderer« sich immer auch der eigenen Verfügung entzieht. Du siehst, hier kommt praktisch wieder der klassische Gesichtspunkt der Psychoanalyse ins Spiel. Warum sage ich das alles? Weil eben die Tatsache, dass man sich damit auseinander setzen muss, dass der andere nicht den eigenen Wunschvorstellungen, wie der andere für einen zu sein hätte entspricht – weil das ja genau auch als eine Art von Verlusterfahrung beschrieben werden kann. Es ist ein Verlust, realisieren zu müssen und akzeptieren zu müssen, dass sich der Andere quasi »außerhalb meiner selbst« befindet und nicht innerhalb meiner selbst. Das sind jedenfalls einige der typischen Positionen, die Freud, Margret Mahler, die Kleinianer, übrigens auch Winnicott beschrieben haben. Du siehst – zum Modell der Interaktion, des produktiven Miteinanders gibt es als Parallele eben auch das Modell des ›notwendigen‹ Einander-Verfehlens usw. …

Zum Thema »böse«, oder »böses Objekt«: Ich glaube, dass in fast allen Schöpfungsmythen immer wieder ein Moment auftritt, wo der Schatten, das Dunkle, das Böse auftritt. Woher kommt das denn? Wenn man diese Mythen als Rückprojektionen ansieht, als Versuche, sich in der Welt zu verstehen, dann gibt es dort jedenfalls immer wieder das Böse. Im jüdisch-christlichen Bereich ist es die Verstoßung aus dem Paradies. Der Griff nach dem Apfel, die Erkenntnis selbst, auch wenn es so dargestellt wird, kann ja nicht das Böse sein. Das sind doch wahrscheinlich eher die damit verbundenen Gefühle, die alle um die Endlichkeit und die Begrenzung des Menschen kreisen – das was im Kleinianischen Raum als die ›facts of life‹ beschrieben wird, an denen sich der Mensch abarbeitet: das wird dort beschrieben als die Abhängigkeit von der Brust, gemeint ist damit die Abhängigkeit der Menschen von jemand und etwas anderem, man lebt nicht aus der eigenen Omnipotenz, dann die Tatsache der Urszene und der Unterschiedlichkeit der

Geschlechter (man ist nicht beide Geschlechter zugleich und sexuell autonom) und schließlich die Tatsache des Todes. Worum es mir geht ist – kann man wirklich sagen, dass wir das alles ohne Unlust und damit auch (reaktive) aggressive Gefühle hinnehmen, die uns der Welt und dem Anderen gegenüber eben auch ›böse‹ und wütend machen? Natürlich ist es eine große Frage, wie stark sich dieses Böse ausprägt, und ob es immer wieder hilfreiche Interventionen seitens der Mutter, seitens der Eltern gibt, die es dem Säugling und dem kleinen Kind möglich machen, mit der Realität zu leben, wie sie ist und sich in einer gewissen Weise mit ihr zu versöhnen – und da ist zweifellos der Umgang der Eltern mit entscheidend, auch wenn sie nicht alles, aber ich sage eine Banalität, an Problemen und Konflikten dem Kind nehmen können.

Diskussion zwischen Gisela Worm und Rudolf Maaser

In einem Artikel bezog (s.u.) sich Gisela Worm kritisch auf die Beschreibung einer Gruppensituation aus einem Buchartikel von Rudolf Maaser[1] et al. Ich regte nun – im Dienste der theoretischen Auseinandersetzung innerhalb der analytischen Körperpsychotherapie – an, diese Kritik zu nutzen, um bestimmte Begrifflichkeiten miteinander zu diskutieren (per E-Mail). Daraus entwickelte sich ein lebhafter und interessanter Diskurs, der im Folgenden dargestellt werden soll.

Worm formuliert in einem Vortrag, gehalten 2004 in München[2], ihre Kritik folgendermaßen (Worm 2004, S. 266):

> »Dort[3] wird eine Gruppensituation beschrieben, die einmalig als Lehrveranstaltung von einer externen Supervisorin geleitet wird. Die Therapeutin der Gruppe übernimmt für diese Sitzung die Co-Leitung. Im Mittelpunkt der Aufmerksamkeit steht ein Patient, der die Leiterin der Gruppe in den vorherigen Gruppenstunden fortlaufend mit seinem oppositionellen Verhalten verärgert hatte: Er kam zu spät, brachte keine Decke mit und unterlief die Aufgabenstellungen. Die Leiterin war dadurch nahe daran, ihn rauszuwerfen. In der aktuell beschriebenen Stunde heißt die Aufgabenstellung, zu der in diesem Fall die Lehrtherapeutin auffordert, die Teilnehmer mögen sich ein Säckchen mit Holzkugeln in den Nacken legen. Alle neigen sich dabei etwas nach vorn, der genannte Patient versucht als Einziger, aufrecht stehen zu bleiben. Auch als das weitere Angebot heißt, dem Druck des Säckchens nachzugeben, dabei Kopf, Rücken und Knie zu beugen, bleibt dieser Patient wie erstarrt in seiner aufrechten Haltung. Ermunterungen, sich zu seinem Erleben zu äußern, negiert er durch Schweigen. Langsam lässt er sich dann dennoch nach unten sinken und legt sich schließlich, anders als alle anderen, nicht auf den Bauch sondern in die Seitenlage. Die

1 Sowohl G. Worm als auch R. Maaser verstehen sich methodisch als analytische Körperpsychotherapeuten.

2 G. Worm: Handlungsdialoge zum Verstehen der therapeutischen Beziehung: Möglichkeiten und Schwierigkeiten. In: Sulz, K. D., Schrenker, L., Schricker, C. (Hg.): Die Psychotherapie entdeckt den Körper – oder: Keine Psychotherapie ohne Körperarbeit? CIP-Medien, München 2005, S. 265-274.

3 In: R. Maaser, F. Besuden, F. Bleichner: Übertragung in der körperbezogenen Psychotherapie. In: P. Geißler (Hg.) (1998): Analytische Körperpsychotherapie in der Praxis. Pfeiffer bei Klett-Cotta (München), S. 140 – 153.

> Lehrtherapeutin lässt ihn gewähren, fragt nur kurz vor Schluss noch einmal nach seinem Erleben. Der Patient kann daraufhin sagen, wie sehr ihn diese Übung daran erinnert habe, dass er sich in seinem Leben immer habe beugen müssen, dass er nie aufrecht sein durfte.«

Der Kommentar zur Übertragungssituation in dieser Sequenz ist etwas verwirrend. Als Übertragung bezeichnen die Autoren (Maaser et al.) die Erfahrung einer »Mutter, die nicht aus Verärgerung prügelt, sondern ihr Kind lässt, wie es ist, und sich wirklich für sein Leid interessiert.« Ich würde hier eher von einer Neuerfahrung jenseits eines konflikthaften früheren Beziehungsmusters sprechen. Zu unterscheiden wäre, wenn man von Übertragung spricht, ob man lediglich den Erfahrungsmodus einer Eltern-Kind-Situation meint oder ob es um die Reaktivierung eines früheren bestimmten Beziehungsmusters geht. Diese Unterscheidung ist mir wichtig, da sonst nicht mehr deutlich ist, was mit einer Arbeit IN der Übertragung wirklich gemeint ist. Aber trotz dieser Unklarheit in der Definition ist der Fortschritt in dem beschriebenen Beispiel nachvollziehbar. Der Patient kann eine Szene aus seiner inneren konflikthaften Beziehungswelt in diesem Übungsangebot wiedererleben und benennen. – Dies wäre eine Möglichkeit der Bearbeitung negativer Übertragungen. Der spannungsvolle Teil der Beziehung ist in diesem Fall jedoch im Wesentlichen nicht in der Beziehung zur Therapeutin enthalten, sondern in der Art der Ausführung der Übung. Es ist sicher ein großer Vorteil der körpertherapeutischen oder szenischen Möglichkeiten, das entscheidende Konfliktfeld in eine von der therapeutischen Beziehung unterschiedenen Szene zu verlegen – sei es wie hier auf die Körperebene oder in eine Szene mit symbolischen Objekten. Die Autoren reflektieren allerdings auch, ob das Gelingen der Konfliktdarstellung in der beschriebenen Übung mit der einmaligen Leitung der Gruppe durch die Supervisorin zu tun hatte. Sie stand sicher noch nicht so im Zentrum der negativen Übertragung wie die Leiterin. Dennoch ist es ein Beispiel, wie eine Übertragung entschlüsselt und entlastet werden kann, besonders wenn man die doppelte Bühne dabei im Blick hat. Die eine Bühne wäre das Beziehungserleben im Körpergefühl: Der Konflikt erscheint zwischen der Angst, »gebeugt zu werden«, und dem Impuls, sich dagegen »gerade zu machen«. Die zweite Ebene erschiene in der Darstellung dieses Konfliktes mit Seitenblick auf die Aufgaben stellende Therapeutin. Auch da versucht der Patient, sich den Anweisungen nicht zu beugen, sondern sich in seiner Art der Durchführung zu behaupten.

Der schwierige Fall im Umgang mit einer negativen oder konflikthaften Übertragung – und das war auch in diesem Beispiel der Ausgangspunkt – ist dann gegeben, wenn das entscheidende Konfliktfeld, d.h. die spannungsvollen Beziehungsmuster, in die therapeutische Beziehung gerät und auch die Gegenübertragung stark belastet. Nach dem Lesen des beschriebenen Artikels fragte ich mich, wie diese Therapie wohl weiterging, als die ursprüngliche Therapeutin die Leitung der Gruppe wieder übernahm. Trug dann die Erkenntnis des inneren Problems einer demütigenden Unterwerfung in der Unterscheidung von einer annehmenden therapeutischen Beziehung als Neuerfahrung? Konnte die Therapeutin ihren negativen Affekt gegen den Patienten auch bei sich weiter verstehen? Oder gelang die Entlastung des negativen Übertragungsfeldes, das sich so spannungsreich gerade mit dieser Therapeutin entfaltet hatte, in dieser Weise noch nicht. Schließlich war die Supervisorin eine andere und neue Person in diesem Beziehungsfeld. Meine Erfahrung ist, dass eine derartige »Verschiebung« des Konfliktfeldes in eine getrennte Szene gelingen kann und wichtige Erkenntnisse bringt. Es kann auch die Methode sein, die ich unbedingt anwenden würde. Das ist insbesondere der Fall, wenn die Übertragung für den Patienten ununterscheidbar von der Realbeziehung zu werden droht... In anderen Fällen, in denen die Zentrierung auf die Übertragung als methodischer Weg jedoch weiterhin geeignet erscheint, können alle Übungsangebote oder auch szenische Angebote so in das Spannungsfeld der Übertragung geraten, dass er Patient entweder alles verweigert oder nur äußerlich den Vorschlägen des Therapeuten folgt und damit den Sinn der szenischen Darstellung unterläuft. Die Verweigerung wäre in diesem Fall als Widerstand zu verstehen in einer noch nicht deutlichen Übertragungssituation. Dann ist es wichtig, die Übertragungsspannung in der therapeutischen Beziehung zu halten und einen Handlungsdialog zu finden, der dieser Übertragungskonstellation einen Ausdruck verschafft.

Antwort Rolf Maaser (E-Mail an Peter Geißler[4])

Auf den Worm-Vortrag mit der darin enthaltenen Kritik an meinem (und an Fraukes) Übertragungsbegriff könnte man natürlich in ver-

4 Diese E-mail leitete ich an G. Worm weiter, worauf der Diskurs zwischen beiden in direkter Weise begann.

schiedener Weise reagieren. Ich versuch's mal sachlich in aller Kürze in zwei Punkten:

Worm bezieht sich auf unsere Falldarstellung eines Patienten in einer Gruppe. Sie geht davon aus, dass wir die Erfahrung des besagten Patienten, und zwar die Erfahrung einer »Mutter, die nicht aus Verärgerung prügelt, sondern ihr Kind lässt, wie es ist, und sich wirklich für sein Leid interessiert«, als Übertragung bezeichnen und führt aus, sie »würde hier eher von einer Neuerfahrung jenseits eines konflikthaften früheren Beziehungsmusters sprechen«. Ich verstehe das so, dass sie meint , eine solche Erfahrung ginge über die Übertragung hinaus, wäre also nicht mehr Übertragung, sei also von der Übertragung abgetrennt zu konzeptualisieren. Das halte ich theoretisch für eine äußerst fragwürdige Konsequenz! Fangen wir aber mal bei der Übereinstimmung an: Im Zentrum von Übertragung stehen inhaltlich »konflikthafte frühere Beziehungsmuster«, die der Patient mitbringt und irgendwie in die therapeutische Situation hinein verlagert. Das sehe ich auch so, da kann ich übereinstimmen. Übertragung ist immer konflikthaft! Doch was heißt das? Ich gehe von einer grundsätzlichen Ambivalenz aus: Der Patient bringt nicht nur negative Beziehungserfahrungen mit (in unserem Beispiel die Erfahrung von Elternfiguren, die ihn immer gezwungen haben, sich zu beugen), sondern immer auch – manchmal tief verborgen – die Sehnsucht nach guten Beziehungserfahrungen, in unserem Beispiel letztlich die Sehnsucht nach einer guten Mutter. Diese Sehnsucht gehört zum Konflikt, ist gleichsam dessen andere Seite, die immer dazugehört, sonst wäre es kein Konflikt, und ist deshalb nicht abgetrennt von der Übertragung zu denken. Im übrigen: Wir wollten in diesem klinischen Beispiel gar nicht Übertragung definieren, das haben wir an anderer Stelle getan, sondern wir wollten an diesem Beispiel darstellen, was »auf der Übertragungsebene« geschehen muss, damit Übertragung therapeutisch wirksam werden kann. Unser Patient erlebt in der geschilderten Spürsituation negative Beziehungserfahrungen aus seiner Lebensgeschichte wieder, das ist die eine Seite seines Konflikts (= Übertragung), gleichzeitig findet die andere Seite des Konflikts (= auch Übertragung), nämlich die Sehnsucht nach der guten Mutter, empathische Resonanz. Der Patient erlebt also eine Diskrepanz zwischen den negativen Erfahrungen seiner Lebensgeschichte bzw. seiner Kindheit, die er als Trauma mitbringt, und der jetzigen Erfahrung in der therapeutischen Situation, die er als Sehnsucht mitbringt. Eine solche Diskrepanzerfahrung gehört nach meiner Auffassung ganz wesentlich zu einer »gelingenden Übertragung«, die dann auch therapeutische Wirkungen zur Folge hat. In unserem Beispiel kann der Patient erstmals über sein Leid sprechen! Für mich ist das eine Diskrepanzerfahrung im Rahmen eines »mitgebrachten konflikthaften Beziehungsmusters«, natürlich eine Neuerfahrung, aber keine Neuerfahrung, die jenseits der Übertragungsebene zu denken ist und nichts mehr mit Übertragung zu tun hat. Zusammenfassend sehe ich unsere Position in diesem Punkt durchaus als konsensfähig, ich kann jedenfalls keine unüberbrückbaren Unterschiede zu dem, was ich von Worm verstanden zu haben meine, feststellen. Sie setzt lediglich einen definitorischen Schnitt an einer Stelle, wo er m. E. überhaupt nicht notwendig ist. (Was ich dann wiederum meinerseits als verwirrend empfinde!)

Ein anderer Punkt bereitet mir dagegen wesentlich mehr Sorgen, da wird's für mich richtig heikel: Auf Seite 14 oben unterscheidet Worm zwischen einer selbst- und einer übertragungszentrierten Arbeitsweise in der körperbezogenen Therapie, »der selbstzentrierte Ansatz stünde in einer analytisch orientierten Methode eher im Hintergrund« und weiter unten spricht sie von Therapieformen, »welche die therapeutische Rolle als begleitenden Funktion definieren«. Wie soll ich denn das verstehen? – Alle, die sich mit ihren Patienten auf der Matte balgen, arbeiten mit Übertragung, die anderen wären lediglich Begleiter!?! – Mit dieser Unterscheidung würde ein wesentlicher Teil der körperbezogenen Psychotherapie, wie ich sie verstehe, ausgegrenzt. Diese Unterscheidung ernst genommen hieße doch, dass jeder klassische Analytiker hinter der Couch nicht mit Übertragungen arbeiten, sondern lediglich eine begleitende Funktion ausüben würde? – Der wird sich freuen!

Ich sehe gerade auf die Uhr und merke, wie lang mir diese Stellungnahme geraten ist! Deshalb nur kurz zum Abschluss meine Position: Beide Ansätze, der »selbstzentrierte Ansatz« und der Ansatz mit Handlungsszenen, arbeiten gleichermaßen mit Übertragungen und gehören deshalb unter das »gemeinsame Dach« der analytischen Körperpsychotherapie.

Gisela Worm an Rolf Maaser

Herr Geißler schickte mir Ihre Stellungnahme zu meinem Vortrag in München im vorigen Mai. Vorweg – ich danke Ihnen für Ihre Reaktion, da vieles oft so klanglos verhallt. Ich finde Kritik meistens sehr anregend, wenn sie nicht zu einem polemischen Rundumschlag gerät. Aber die ihre ist das ja in keiner Weise. Sie regt mich eher an, über meine Aussagen noch einmal nachzudenken und sie zu differenzieren.

Zunächst zum 1. Punkt. Was ist Übertragung? Einmal denke ich, dass nicht jedes Übertragungsmuster im Sinne alter Beziehungserfahrungen konflikthaft sein muss. Es gibt ja auch gute Beziehungserfahrungen, in denen eine beidseitige Befriedigungsmöglichkeit liegt. Diese tragen m. E auch die therapeutische Beziehung – Ressourcen heißt das ja heute. Die konflikthaften Beziehungen aber sind ja vor allem in der Therapie relevant. Innerhalb dieser konflikthaften Beziehungen gibt es natürlich im Hintergrund die Sehnsucht nach einer besseren Beziehung – so sehe ich das auch. Das halte ich auch für den Motor des Wiederholungszwangs. Die therapeutische Grundfrage dreht sich dann darum, wie diese konflikthaften oder defizitären Beziehungserfahrungen zu lösen sind, damit andere Erwartungs- und Reaktionsmuster an deren Stelle treten. Dafür sehe ich dann zwei Wege. Einmal: die Negativerfahrung lebt in einer vom Therapeuten getrennten Szene auf, was in Ihrem Beispiel wohl in dem Umgang mit dem Säckchen zunächst intendiert war, worauf es der Patient es in seinem Kommentar zum Schluss ja auch bezieht. Die Therapeutin definiert sich bei dieser Szene als positiv begleitende Alternativ-Mutter. Wenn der Patient die Beziehung zur Therapeutin gleichzeitig auch so erlebt und entsprechend zusammenbringt, könnte es ja tatsächlich zu einer Modifikation des alten Übertragungsmusters kommen durch diese Neuerfahrung. Nur – es ist ja nicht gesagt, dass der Patient tatsächlich die Beziehung zu der Supervisorin schon entsprechend besetzt erlebt. Sie könnte für ihn ja auch einfach eine Übungsanleiterin sein – und das Übertragungsmuter würde sich ganz auf das Erleben mit dem Säckchen beschränken – oder zumindest wären beide Beziehungsebenen erst einmal getrennt. So verstanden wäre das Ganze schon ein Umgang mit dem konflikthaften Übertragsmuster, wobei der problematische Teil aber wesentlich in die getrennte Szene verlegt wird. Auf der zweiten Bühne versucht die

Supervisorin eine Figur jenseits dieses Musters zu installieren – das nannte ich »Begleitung«. Das ist sicher eine Möglichkeit der Diskrepanzerfahrung – wie Sie es nannten. Die andere Möglichkeit einer Diskrepanzerfahrung wäre, dass der Patient mit seiner ganzen Verweigerung in der therapeutischen Beziehung bleibt und dort dieses negative Muster versteht. Die Diskrepanzerfahrung würde dann trotz der Negativ-Projektion durch das gemeinsame Verstehen entstehen. Es sieht vielleicht haarspalterisch aus, aber ich finde es wichtig und das ist der Hintergrund meiner Argumentation – der Möglichkeit einer Erfahrung der negativen Beziehung auch in der therapeutischen Beziehung einen Raum zu öffnen, in welchem Ausmaß auch immer, da sonst leicht der Eindruck entsteht, diese seien nur durch ein anderes Verhalten des Therapeuten – im Sinne einer immer guten Mutter z. B. – zu lösen. Aber mit dem Ausdruck Diskrepanzerfahrung zur Modifikation der alten Beziehungsmuster statt Neuerfahrung bin ich einverstanden.

Im 2. Teil ihrer Kritik sehe ich erst einmal ein Missverständnis. Ich unterscheide nicht handlungszentrierte und selbstzentrierte Ansätze. Sondern alle Therapien, die direkt mit dem Körper umgehen (nicht nur in der Vorstellung) wären für mich handlungszentriert. Einen Unterschied sehe ich darin, ob diese Erfahrungsebene auf der Körperselbstebene liegt (also der Erfahrung von Innenräumen, Grenzen Kraft oder auch Beziehungsmustern im Körper – wie in Ihrem Beispiel), oder ob sich eine Szene zwischen Therapeut und Patient reinszeniert – was ich übertragungszentriert nenne (wie bei Ihrem Patienten zur ursprünglichen Therapeutin). Bei letzterem wird die Gegenübertragung besonders relevant und zur Leitlinie in de Intervention). (Das hätte in Ihrem Beispiel eine direkte Auseinadersetzung über die Verweigerung mit der ursprünglichen Therapeutin sein können.) Im anderen Fall wäre der Therapeut – in meiner Sprache – eher Begleiter im Verstehen. (Beides gibt es auf der Couch ja genauso.) Dazwischen ist für mich keinerlei Wertung – es sind einfach verschiedene Möglichkeiten des Zugangs. Wichtig finde ich die Unterscheidung vor allem auch auf dem Hintergrund diagnostischer Unterschiede. Darüber habe ich ja mehrfach geschrieben.

Im Ganzen steht im Hintergrund dieser Diskussion für mich die Definitionsfrage einer Analytischen Form von Körperpsychotherapie. Was ist deren Spezifität oder Identität. Darüber würde ich mich gerne weiter unterhalten. Ich schreibe dies ohne große Korrektur – und hoffe es ist nicht zu unklar. Es wäre schön, weiter im Gespräch zu bleiben.

Rolf Maaser an Gisela Worm

Liebe Frau Kollegin, vielen Dank für Ihre o. g. E-Mail, die mir doch sehr »im Kopf herumschwirrt«, denn ich glaube, sie führt uns in der Tat zu entscheidenden theoretischen Fragestellungen unserer Methode.

Zunächst zu Ihren »beiden Bühnen«: Natürlich kann man das so unterscheiden, zum einen das Erleben des Sandsäckchens mit all den dadurch provozierten Erinnerungen und zum anderen das Erleben der jeweiligen Therapeutenfigur. Aber sind die beiden wirklich als getrennt zu verstehen? Das ließe sich natürlich noch lange diskutieren, für mich steht aber eine andere Frage dahinter, die m. E. noch viel entscheidender ist, nämlich: Wer oder was entscheidet, auf welcher der verschiedenen Bühnen in einer konkreten therapeutischen Situation hier und jetzt erlebt und dann auch therapeutisch gearbeitet wird? Und hier sind wir dann bei der Möglichkeit, wie Sie sagen, des direkten körpertherapeutischen Umgangs. Ich sehe in diesem Punkt zwei Problemfelder, die meiner Einschätzung nach noch völlig unzureichend, manchmal geradezu naiv (nicht von Ihnen, aber was ich da manchmal in der Literatur lese!!!), diskutiert werden:

1. Es geht, man verzeihe mir diesen hochtrabend klingenden Ausdruck, um die Freiheit des Patienten. Wir müssen für einen möglichst hohen Freiheitsgrad des Patienten sorgen, seine Struktur und seine Neurose einschließlich allen Leids, das er mitbringt, wirklich entfalten zu können, damit er zu sich selbst kommen kann. Um in unserem Beispiel zu bleiben. Wie wäre es mit dem Angebot gewesen, dem Patienten nicht das Sandsäckchen, sondern gleich die Hand der Therapeutin in den Nacken zu legen? Meine Antwort ist: Natürlich kann man das machen, wenn man die Handhabung der eigene Gegenübertragung beherrscht, aber in einem übergreifenden Rahmen muss man sehen, ob der Patient dadurch wirklich in seiner Entfaltung gefördert oder ob er schlicht und einfach »gezwungen wird zu übertragen«. Dann wird's natürlich gefährlich! Die Kriterin zur Erkennung dieses Risikos müssten umfassend erarbeitet

werden. Meine These ist: Es reicht nicht, auf die Beherrschung des Übertragungs-Gegenübertragungsproblems zu verweisen! – Das führt mich zum nächsten Punkt:

2. Man muss m. E. viel tiefer gehender reflektieren, was sich bei direktem körpertherapeutischem Eingreifen alles an der grundlegenden Interaktionsstruktur in der Beziehung zum Patienten verändert. Z.B. glaube ich, dass sich die Grenzen zwischen Patient und Therapeut anders strukturieren, je nach Einsatz manchmal geradezu verwischen. Als Leser mancher Fallberichte kann ich oftmals nicht mehr klar unterscheiden, wessen Problem wird hier gerade verhandelt? – Das des Patienten oder das des Therapeuten? Nach meiner Erfahrung gibt es hier eine Art Umkipp-Dynamik der Interaktionsstruktur, die damit zu tun hat, dass man in einer Interaktion auf gleicher Augenhöhe sehr leicht dem dabei entstehenden »intersuggestiven Sog« erliegt und dann natürlich auf der Ebene der gewohnten Reflexion der Übertragung-Gegenübertragung Gespenster sieht, die sich aber als Interaktionsphänomene sozialpsychologisch relativ einfach und banal erklären lassen. Auch hier ist meine These: Es reicht nicht, hier stolz auf unseren Tabubruch des Berührungsverbots zu sein und in alt hergebrachter Weise auf die Beherrschung der Gegenübertragung zu verweisen, es reicht vor allem nicht in der Kommunikation mit der klassischen Analyse, die oftmals an dieser Stelle gar nicht versteht, was wir wollen. – Wir haben da ein Problem!!!

Wenn ich das alles so lese, weiß ich, dass wir noch viel zu diskutieren haben.

(Fortsetzung folgt)

Rezension

Sinnliche Selbstreflexivität – zum Arbeitsmodus der Körperpsychotherapie

Gustl Marlock u. Halko Weiss (Hg.): Handbuch der Körperpsychotherapie. Schattauer, Stuttgart / New York 2006, 972 Seiten, EUR 99.

Angesichts der »historisch bedingten praxeologischen Vielfalt des körperpsychotherapeutischen Feldes« (Kap.1: S. 5) scheint ein »Handbuch der Körperpsychotherapie« längst überfällig. Mit Gustl Marlock und Halko Weiss haben zwei exponierte Vertreter dieses Feldes, nun ein fast tausendseitiges Mammutwerk vorgelegt, das beansprucht, »eine gegenwärtige Gesamtsicht der Körperpsychotherapie zu vermitteln« (ebd.: S. 11). Dabei gestehen sie in der von ihnen verfassten, gleichermaßen belesenen wie ungewöhnlich reflektierten Einführung in Kapitel 1 – die von daher allen zur Lektüre nur nachdrücklich empfohlen werden kann (!) – sogleich fest, dass ihr Vorhaben eigentlich ein Widerspruch beinhaltet: Denn von der »*Körperpsychotherapie an sich*« (ebd.: S. 5) als »einem in Theorie und Praxis vereinheitlichten Feld« (ebd.) könne nicht gesprochen werden. Vielmehr sei die Situation – »sowohl auf metatheoretischer wie auch auf methodisch-praxeologischer Ebene« (ebd.) – »durch ein Nebeneinander von divergenten, zum Teil schwer vereinheitlichbarer Positionen und Grundannahmen gekennzeichnet« (ebd.).

Die Körperpsychotherapie unterscheidet sich hierin zwar möglicherweise in der weit größeren Vielfalt, jedoch keineswegs prinzipiell von »*der* Psychoanalyse« oder auch von »*der* Verhaltenstherapie«. Allerdings hatten diese beiden Therapierichtungen sich erst im Laufe der Zeit immer mehr ausdifferenziert – ausgehend jeweils von einem »relativ einheitlichen Punkt« (ebd.: S. 6): bei der Psychoanalyse jedoch erst, wie Marlock/Weiss – wenngleich etwas süffisant, so doch berechtigt – anmerken, »nachdem sie sich einiger früher Dissidenten entledigt hatte« (ebd.). Demgegenüber hat es für die Körperpsychotherapie »verschiedene Ausgangspunkte und Traditionslinien« (ebd.) gegeben – mit

Wilhelm Reich auch einen sehr wichtigen just aus dem Kreis jener frühen Dissidenten der Analyse (vgl. den sehr guten Überblick über das Reichsche Werk von Wolf E. Büntig in Kap. 5). Lange existierten diese »mitunter sogar in Unkenntnis voneinander « (Kap1: S. 6) und haben »erst in den letzten beiden Jahrzehnten (...) sich in organisatorischer und diskursiver Auseinandersetzung einander zu nähern« (ebd.) begonnen.

Marlock/Weiss verorten das von ihnen herausgegebene Handbuch genau in diesem Prozess. Ja, sie möchten es darüber hinaus sogar als wichtiges Instrument hierfür verstanden wissen – darauf setzend, »dass die ›große Versammlung‹ unterschiedlichster Autoren und damit auch unterschiedlichster Dialekte der Körperpsychotherapie weit reichende Diskurse, Dialoge, gegenseitige Anknüpfungen und wo nötig auch respektvolles Streiten in Gang zu setzen vermag« (ebd.). Von daher wollten sie auch »kein Buch, das den einzelnen Schulen primär als Selbstdarstellungsfolie gedient hätte« (ebd.). Vielmehr haben sie sich für einen Aufbau »anhand wichtiger übergreifender Fragestellungen sowie Themenschwerpunkte« (ebd.: S. 7) entschieden, der allerdings notgedrungen – wie die Herausgeber zugestehen – gewisse »Redundanzen und Überschneidungen« (ebd.: S. 11) mit sich bringt, »da viele Themen eng miteinander verwoben sind oder in angrenzenden Zusammenhängen stehen« (ebd.). So gliedert sich das Handbuch in insgesamt 13 Abschnitte:

I Körperpsychotherapie im historischen Überblick
II Grundperspektiven der Körperpsychotherapie
III Psyche und Soma
IV Somatische Dimensionen der Entwicklungspsychologie
V Grundlagen der Methodologie
VI Therapeutische Beziehung in der Körperpsychotherapie
VII Klinische Perspektiven der Körperpsychotherapie
VIII Funktionale Perspektiven der Körperpsychotherapie
IX Körperpsychotherapeutische Behandlung spezifischer Störungen
X Erweiterte Anwendungsgebiete der Körperpsychotherapie
XI Fallstudien
XII Schnittstellen mit anderen Formen der Psychotherapie
XIII Existentielle Dimensionen der Körperpsychotherapie

Diese werden jeweils von den beiden Herausgebern sehr kompetent eingeleitet, indem sie nicht nur eine Übersicht der dort entsprechend versammelten Beiträge geben, sondern zugleich Verbindungen zwischen ihnen herzustellen versuchen und darüber hinaus auf weitere vertiefende Publikationen auch anderer AutorInnen verweisen. Für die diesen Abschnitten zugeordneten Beiträge wurden durchaus auch AutorInnen ausgewählt, die »dezidierte Richtungen der Körperpsychotherapie vertreten« (ebd.: S. 6) – allerdings stets unter der Maßgabe, dass sie zu diesem Thema »besondere Beiträge geleistet haben und besonders autorisiert erscheinen, auch stellvertretend für die anderen zu sprechen« (ebd.). Dieser Zusammenhang wird jeweils in kleinen biographischen Einführungen zu den entsprechenden Beiträgen beleuchtet.

In diesem Kontext weisen die Herausgeber auch schon einmal vorsichtshalber darauf hin, dass in diesen Beiträgen nicht nur »inhaltlich und auch sprachlich sehr heteronome Vorgehensweisen gewählt wurden« (ebd.: S. 12), sondern sich darin zugleich auch »verschiedene (...) Niveaus der Verarbeitung« (ebd.) zeigen. Entsprechend reicht das Spektrum »von konkreten, anschaulichen, sogar poetischen Darstellungsweisen, über reichianische und analytische Dialekte, bis hin zu streng ›wissenschaftlich‹-nüchtern gefassten Beiträgen« (ebd.).

Hintergrund hierfür ist »die Tatsache, dass die Praxis der Körperpsychotherapie nicht nur über die Sprache und den Begriff strukturiert ist, sondern das Erfühlen und Erspüren wesentlich zu ihren Arbeitsmodi gehören« (ebd.: S. 3). »Dieser Wandel in Richtung Erfahrung, des Lernens, achtsam zu werden, bis neue Vorstellungen hervortreten, bevor sie in Worte gefasst werden, ist charakteristisch für viele Methoden« (Kap. 9: S. 93). Don H. Johnson hat diesen Primat der unmittelbaren Körpererfahrung in seinem Beitrag »Der Vorrang des erfahrungsorientierten Vorgehens in der Körperpsychotherapie« (ebd.) aus der Tradition leibpädagogischer Verfahren heraus zu begründen versucht und dabei auch einige für die Praxis der meisten körperpsychotherapeutischen Ansätze zentralen Prinzipien »leiblichen Lernens« und »leiblicher Intelligenz« hergeleitet. Bezüglich der »klinischen Aspekte« (Teil VII) solchen Arbeitens gibt Ilse Schmidt-Zimmermanns Beitrag »Das Spektrum körperpsychotherapeutischer Übungen und Interventionen« (Kap. 54) einen gleichermaßen umfassenden wie systematischen Einblick.

Dass es für solches Arbeiten auch eine tiefenpsychologische Traditionslinie gibt, arbeitet Gustel Marlock im Teil I »Körperpsychotherapie im historischen Überblick« in einem beeindruckenden Beitrag (vgl. Kap. 6) heraus. Dieser berücksichtigt auch den historischen und psychosozialen Kontext (ebd.: S. 62 f.) vor dessen Hintergrund Marlock eine Linie vom Comte de Puységer zu Sigmund Freud und eine weitere von Franz Anton Messner über Jean Pierre Janet zu Wilhelm Reich zieht. Als zentralen Grund für die unterschiedlichen Entwicklungsrichtungen, die Psychoanalyse und tiefenpsychologisch fundierte Körperpsychotherapie genommen haben, arbeitet er Freuds Verwerfung der Dissoziationstheorie und der Bedeutung traumatischer Erfahrungen für die Ätiologie von Neurosen heraus. Das »konzeptuelle (...) Zentrum therapeutischer Aufdeckung« (ebd.: 67) der Psychoanalyse habe sich ab diesen Zeitpunkt von den »reale(n) Erfahrungen seelischer Verletzungen und Traumatisierungen« (ebd.) wegverlagert hin zu einem »von verdrängten sexuellen Wünschen und Trieben bestimmte(n) Fantasieleben des Kindes und der erwachsenen Patienten« (ebd.). Demgegenüber habe die »körperpsychotherapeutische Traditionslinie der Tiefenpsychologie immer ein inhärentes Wissen um die Folgen von Traumatisierung und seelischer Verletzung bewahrt« (ebd.). Und während seitdem »die klassisch analytische Praxis (...) in der auf Einsicht abzielenden Deutung das primäre therapeutische Agens« (ebd.: 69) sehe, gehe es der körperpsychotherapeutischen Tradition »im Bezug auf die Formen körperlich psychischer Abwehr um eine *erlebende* Assimilation der unter den lebensgeschichtlichen Kompromissen verdrängten, abgespaltenen Erfahrungen, Gefühle und Persönlichkeitsanteile« (ebd.), was der Traumaforscher Bessel A. van der Kolk in seinem Geleitwort II auch als Voraussetzung einer erfolgreichen Bearbeitung des sog. Posttraumatischen Belastungssyndrom darlegt.

Im Unterschied zu diesem eher metapsychologisch angelegten und von Marlock noch einmal vor dem jeweiligen historischen und psychosozialen Kontext reflektierten Begründungskontext sieht er und Halko Weiss die in den »oftmals belächelten Subdialekte(n) der körpertherapeutischen Strömungen des 20. Jahrhunderts kultivierte (...) Art des Sprechens (...) an die Arbeit mit Patienten gebunden, da sie intuitiv, kreativ und kontextabhängig einzigartige Psyche-Leib-Zusammenhänge zum Ausdruck bringt. Und zwar in einer Sprache der ersten Person, die dem Poetischen näher ist als den wissenschaftlichen Generalisierungen« (Kap. 1: S. 3). Dass diese »Sprache« nicht über wissenschaftliche Texte und Metapsychologien zu erlernen ist, sondern als mimetische Fähigkeit sich nur durch erfahrungsbezogenes Partizipieren an der »Arbeit« entsprechender »Meister« zu einer Art persönlichen Haltung verdichten lässt, mag auch der Grund dafür sein, weshalb viele Beiträge des Teil I (Kap. 3 / 4 / 7) wie »namedroping« anmuten.

»Doch das ganzheitliche innere Empfinden« – darauf verweisen Eugene T. Gendlin und Marion N. Hendricks-Gendlin in ihrem Beitrag zum »körperliche(n) Empfinden als Grundlage von Körperpsychotherapien« (Kap. 23: S. 267) nachdrücklich – »lässt sich nicht in Worte fassen. (...) Es beinhaltet in jedem Fall noch viel mehr. (...) Selbst um auch nur einen Teil davon zu erfassen, müssen (...) neue sprachliche Ausdrücke« (ebd.) gefunden werden, »weil es sich mit den gebräuchlichen sprachlichen Wendungen und Kategorien nicht erfassen lässt« (ebd.).

Gleiches gilt für das für viele körperpsychotherapeutische Verfahren zentrale »Konzept der Vitalität«, das Michael Randolph in seinem Beitrag (Kap. 44) »in einer an das Thema angepassten literarischen Sprachform« (Kap. 35: S. 395) als eines beschreibt, »wodurch sich die Körperpsychotherapie auch weiterhin von anderen Psychotherapien unterscheiden wird« (Kap. 44: S. 477): »Wörter versuchen, ihrer Definition nach, etwas anzuhalten, zu ergreifen, zu definieren. Wir müssen einsehen, dass Vitalität dazu neigt, sich all dem zu widersetzen« (ebd.: S. 473). »Die ewigen Versuche, die Vitalität bis in ihre Höhle zu verfolgen, sie mit Namen und Formen zu belegen, die sich vor Anfechtungen und Geringschätzung schützen könnten, sind zweifellos umsonst« (ebd.: 477).

In seinem exzellenten Beitrag »Sinnliche Selbstreflexivität – zum Arbeitsmodus der Körperpsychotherapie« (Kap. 36) zeigt Gustel Marlock, dass sich der daraus begründete Vorrang des »erfahrungsorientierten Vorgehens« und »leiblichen Lernens« in der Körperpsychotherapie mit einer leib- und existenzphilosophischen Denkrichtung durchaus kompatibel ist. Im Unterschied zu dem schon angesprochenen Begründungsversuch von Don H. Johnson in Kap. 9, nutzt Marlock hier – wie auch in seinem Beitrag »Körperpsychotherapie als Wiederbelebung des Selbst: eine tiefenpsychologische und phänomenologisch-existenzielle Perspektive« (Kap. 12) – Begriffe eher als dezentrierte Markierungen, die – um mit Slavojiek (vgl. 1997: S. 100) zu sprechen – auf »blinde Flecke« zielen, d.h. schwer definierbare Punkte, von denen aus »das Objekt« – in diesem Falle: der als »unbewusste Materie verstandene Körper« (Kap. 1: S. 3) – »den Blick erwidert«. Demgegenüber stützt sich Johnson sehr stark (vgl. ebd. S. 94f.) auf Heideggers »Jargon der Eigentlichkeit«, was insofern verwunderlich ist, als er wenig später sich zum »typisch amerikanischen Ansatz der Theoriebildung, die die robuste intellektuelle pragmatische Tradition von William James, C.S. Pierce und John Dewey repräsentieren« (ebd.: S. 97), bekennt. Leicht chauvinistisch anmutend sieht er dessen Qualität aus dem Platz Amerikas »zwischen den beiden großen Geistestraditionen aus Asien und Europa« (ebd.: S. 98) erwachsen: »ein Platz (…) an dem am eigenen Erleben orientierte Methoden, die in einer reflektiven gemeinschaftlichen Atmosphäre entstanden sind, Vorrang hatten vor den vorgefassten Theorien, die als Ganzes aus der alten Welt importiert wurden« (ebd.).

Wenn Marlock von einer »offenen, phänomenologisch inspirierten Grundhaltung« (Kap.12: S. 150) der Körperpsychotherapie spricht, die dem Beitrag des Begründers der »Konzentrativen Bewegungstherapie« Helmut Stolze zu »Bewegen – Besinnen – Begreifen – Bedeuten: Symbolisieren in der Körperpsychotherapie« (Kap. 41) ebenso zugrunde liegt, wie dem vor dem Hintergrund der Methode der Funktionalen Entspannung geschriebenen Kapitel 42 von Doris Lange, Monika Leye und Thomas H. Loew zur »Phänomenologie in der Körperpsychotherapie«, so ist damit zweifellos jedoch etwas anderes gemeint als Frank Röhrichts Bezug auf eine »deskriptiv-phänomenologische() Psychopathologieforschung« (Kap. 22: S. 259) in seinem Beitrag »›Körperschema‹, ›Körperbild‹ und Körpererleben – Begriffsbildung, Definitionen und klinische Relevanz«. So bedient sich Röhricht hier, wie auch in seinen Beiträgen zur »diagnostische(n) Relevanz körperbezogener Merkmale und Prozesse in der Körperpsychotherapie« (Kap. 52) sowie zur »Körperpsychotherapie bei schweren psychischen Erkrankungen« (Kap. 71), einer Perspektive, als ob er »es vornehmlich mit physikalischen, objektivierbaren Körpern und Realitäten zu tun« habe, wie Marlock (Kap. 12: S. 143) dies treffend – ohne sich auf Röhricht direkt zu beziehen – formuliert hat.

Ähnliche »Verdinglichungen« finden sich auch in Andreas Wehowskys Beitrag zum »Energiebegriff in der Körperpsychotherapie« (Kap. 13) und nicht zuletzt in den nicht nur bei ihm (vgl. auch das von ihm geschriebene Kapitel 15 zu den »Wirkprinzipien der Körperpsychotherapie«), sondern in vielen anderen Beiträgen sich findenden Verweisen auf die moderne Hirnforschung – bspw. in seinen Bezügen auf die vom heutigen Forschungsstand längst als unterkomplex geltende Theorie von rechter und linker Hirnhemisphäre. Letztere ist auch in den dem Kapitel III »Psyche und Soma« zugeordneten Beitrag von Marilyn Morgan »Das Körperunbewusste und die Neurowissenschaft« (Kap.: 20) mit eingeflossen, wenn sie darauf verweist, dass erst die »Limbische Resonanz« »Empathie« und »Spiegeln« ermögliche (ebd.: S. 239). Nicht genug betrachtet Morgan sogar »körperliche, psychische und Beziehungsmuster (…) als Ergebnis neuronaler Schaltkreise« (ebd.: S. 235). Trotz teilweise objektbeziehungstheoretischer Anleihen, taucht dieses Muster, bestimmte Hirnzentren oder Hormone als Beweggrund psychosozialer Vorgänge zu betrachten, auch in dem von Marianne Bentzen verfassten Kap. 28 des Teil IV »Somatische Dimensionen der Entwicklungspsychologie« auf. Auch in ihrem Beitrag »Formen des Erlebens: Neurowissenschaft, Entwicklungspsychologie und somatische Charakterbildung« wird so etwas als Ursache ausgegeben, was selbst schon neuronaler bzw. biochemischer Niederschlag entsprechender sozial vermittelter menschlicher Handlungsprozesse ist (Entwicklung wird in der modernen Entwicklungspsychologie ja als »Handlung im Kontext« definiert).

Erstaunlich ist, dass im Gegensatz zu den sehr vorsichtigen Formulierungen des Neurologen Christian Gottwald in Kap. 11 hinsichtlich der Tragweite der »neurobiologische(n) Perspektiven zur Körperpsychotherapie« Hilarion G. Petzold in seinem Beitrag »Der ›informierte Leib‹: ›embodied and embedded‹ ein Metakonzept für die Leibtheorie« (Kap. 10) sich in ähnlicher Weise sehr stark auf die angeblich naturwissenschaftlich fundierten »Befunde« der Neuropsychologie bezieht. Wie Wehowsky, Morgan und Bentzen, unterschlägt er in seinem Bemühen, eine Verbindung zwischen dem »kulturwissenschaftlich« ausgerichteten »phänomenologisch-hermeneutischen Diskurs« und dem »naturwissenschaftlich« ausgerichteten »neurowissenschaftlichen Diskurs« (Kap. 10: S. 116) herzustellen, dass sich Letzterer vor allem auf Theorien stützt, denen bisher vergleichsweise wenige empirische Befunde zu Grunde liegen, die zudem vielfältig interpretierbar sind. Und noch erstaunlicher ist, dass derjenige, der – wie Marlock hervorhebt – »einen philosophisch fundierten *Leib*-Begriff in die Diskussion gebracht (hat d. A.), um darauf zu bestehen, dass wir es nicht mit physikalischen Objekten, sondern mit erlebender auf die Umwelt bezogener, verkörperter *Subjektivität* zu tun haben« (Kap. 12: S.143 vgl. auch Petzold selbst in Kap. 10: S. 103), sich nun zugleich auf solche in ihrem Kern absolut mechanistisch/deterministischen Theorien bezieht, wie bspw. Hermann Hakens »Synergetik«, die in ihrer Übertragung aus der Laserphysik auf humanbiologische und sogar soziale Gebiete zudem noch stark simplifiziert.

Ähnliche Widersprüche finden sich auch in anderen Beiträgen. So z.B. wenn Gregory J. Johanson in seinem ebenfalls dem Teil II »Grundperspektiven der Körperpsychotherapie« zugeordneten Beitrag »Die Organisation unserer Erfahrungen – ein systemorientierter Blick auf die Körperpsychotherapie« (Kap. 14) einerseits – gestützt auf die Gestaltpsychologie und Ken Wilbers metatheoretische Überlegungen – eine *holistische* Perspektive beansprucht und sich zugleich zustimmend auf Maturana/Varelas Konzept der »Autopoiese« als einer rein *mechanistischen* Erklärung des Phänomens Leben bezieht, die demgegenüber ja gerade umgekehrt zu zeigen versucht, dass auch ein biologisches Phänomen Ergebnis der Interaktionen seiner notwendigen Bestandteile und nicht Ausdruck bestimmter Eigenschaften dieser Elemente ist.

Petzold ordnet seinen »methodenübergreifende(n) Ansatz (...) dem ›neuen Integrationsparadigma‹ in der Psychotherapie« (ebd.: S. 101) zu, das ja von Grawe bereits als das einer »Neuropsychotherapie« gekennzeichnet wurde. Von daher verwundert es nicht, wenn Wehowsky Petzolds neurowissenschaftliche Systematisierung der Techniken seiner »Integrativen Leib- und Bewegungstherapie« nach »bottom-up« und »top-down« als »übergeordnete Wirkfaktoren« im Sinne von Grawes »Allgemeiner Psychotherapie« interpretiert. Vor dem Hintergrund »der Folie der Integralen Psychologie« (ebd.: S.192) könnten mit diesen »alle möglichen Interventionen der verschiedenen Schulen« (Kap. 15: S. 193) als »Mikro-Wirkfaktoren« (ebd.) »zueinander in Beziehung gestellt« (ebd.: S. 192) werden und sich so »sinnvoll ergänzen« (ebd.: 193). Hier scheint sich in dem Bemühen, Anschluss an die »wissenschaftlich anerkannten Therapieverfahren« zu gewinnen, wie es in den schon erwähnten Beiträgen von Frank Röhricht (Kap. 22 / 52 / 71) ebenfalls überdeutlich wird, nun auch im Feld der Körperpsychotherapie eine dem allgemeinen Trend in der Psychotherapieszene folgende hegemoniale Strömung zu formieren.

Zu fragen ist, ob diese Eingemeindungsstrategie, die sich sogar Ken Wilbers Konzept eines »Integralen Methodischen Pluralismus« einzuverleiben versteht (vgl. Wehowskys Beiträge), so ohne weiteres vereinbar ist mit dem Ansinnen der beiden Handbuchherausgeber bezüglich einer eher als »gewaltlose Synthesis des Vielen« im Sinne Adornos zu verstehenden »großen Versammlung«. Zumindest scheint ein dialogischer Begriff von Diagnose, wie ihn bspw. David Boadella in seinem Beitrag »Soma-Semantik – Bedeutungen des Körpers« (Kap. 17) auf der Basis eines morphodynamischen Begriffes von Charakter als Prozess entfaltet, kaum vereinbar mit jenen sehr stark an die klassisch psychiatrischen Klassifikationsschemata angelehnten diagnostischen Systematisierungsansätzen Röhrichts (Kap. 22: S. 259 ff. & Kap: 52). Und ebenso groß scheint die Kluft zwischen Röhrichts trotz seiner Erweiterung um die psychologische Dimension weitgehend objektivistischen Begriff von Körperschema (vgl. Kap. 22) und jenem bereits auf Reich zurückgehenden »dialektischen Verständnis von Körper und Seele«, auf das auch Alexander Lowens »Bioenergetische Analyse« gründet (vgl. dessen Beitrag »Die neurotische Charakterstruktur und das bewusste Ich« in Kap. 18: S. 216). Unter Bezug auf das Motto des EABP-Kongresses von 1999 hat David Boadella diesen dialektischen Zugang als Notwendigkeit charakterisiert, beim »Eintauchen in die tieferen Schichten der Soma-Semantik« (Kap. 17: S. 215) nicht nur »das Fleisch der Seele«, sondern »auch die Resonanzen der Seele des Fleisches nicht aus dem Blick (zu d. A.) verlieren« (ebd.).

Zwar verweist auch Röhricht in seinen »sich notwendigerweise und durchaus auch gewollt von der engeren Abgrenzung eines schulenspezifischen Interventionsspektrums« (Kap. 22: S. 262) sich lösenden Systematisierungsansätzen ausdrücklich »auf die Qualität der therapeutischen Beziehung« (ebd.), auf die Boadella u.a. hier anspielt. Er interpretiert diese aber konsequent im Rahmen des Wirkfaktorenkonzeptes. Und von daher scheint sich auch auf den Ebenen, die Boadella als »therapeutische Praxis und (...) therapeutische Resonanz« (Kap. 17:

S. 208) bezeichnet, eine nicht so einfach zu überbrückende Diskrepanz aufzutun. Diese gründet wohl vor allem darin, dass diejenigen, die über die »wissenschaftlich anerkannte« Identifizierung von Wirkfaktoren bestrebt sind, nun auch körperpsychotherapeutische Elemente in die »Allgemeine Psychotherapie« zu integrieren, sich damit zugleich auch einem Verständnis von Therapie als Heilung von Krankheit anschließen. Demgegenüber begreifen sich viele körperpsychotherapeutische Schulen – unter anderem auch die, aus denen die Herausgeber des Sammelbandes entstammen – sehr viel eher im Kontext von Bildungsprozessen.

Ein weiterer Unterschied lässt sich vor dem Hintergrund jener »begrifflichen Einteilung« (Kap. 45: S.484) treffen, »die von der Psychoanalytikerin Martha Stark in den 90er Jahren ursprünglich für ein besseres Verständnis der verschiedenen psychoanalytischen Richtungen entwickelt wurde« (ebd.: 484f.), auf die die Herausgeber in ihrer Einleitung zum Teil VI ihres Handbuches: »Therapeutische Beziehung in der Körperpsychotherapie« zurückgegriffen haben, und auf die sich auch einige der dort versammelten Beiträge mehr oder weniger explizit stützen (z.B. William F. Cornells Kap. 46: »Das Feld der Beziehungen in der Körperpsychotherapie«). Demnach kann unterschieden werden zwischen Ansätzen, die auf einer »*Ein-*«, einer »*Eineinhalb-*« oder »*Zwei-Personen-Psychologie*« gründen, wobei im Unterschied zu den dialogischen Verständnissen das Paradigma der Wirkfaktoren – soviel sei schon vorweggenommen – der »*Ein-*« bzw. »*Eineinhalb*-Personen-Psychologie« verhaftet bleibt.

»Die klassische Psychoanalyse mit ihrem Fokus auf die intrapsychische Konfliktdynamik des Patienten« (Kap. 45: S. 483) wird von den Herausgebern der ersten Kategorie der »*Ein-Personen-Psychologie*« zugeordnet. Zwar setzten sich viele der Beiträge dieses Teil des Handbuchs (besonders die Kap. 48 & 49) kritisch mit der von Freud formulieren Abstinenzregel auseinander, aus deren Perspektive bis heute körperliche Berührungen als »*Gegenpol* zur Abstinenz« (Kap. 49: S. 518) betrachtet werden. Allerdings weisen Marlock und Weiss darauf hin, dass auch »im Feld der Körperpsychotherapie (...) die klassisch reichianischen Ansätze, die klassische Bioenergetik und alle Methoden, die um das intrapsychische Verhältnis von Impuls und Hemmung zirkulieren« (Kap.45: 483) – ja sogar diejenigen Ansätze, welche »die psychische und körperliche Selbsterforschung des Patienten in den Vordergrund stellen« (ebd.) eben jener Kategorie zuzuordnen seien.

»Zu der Kategorie der *Eineinhalb-Personen-Psychologie*« (ebd.) rechnen die Autoren diejenigen Verfahren, welche über »Empathie und korrigierende emotionale Erfahrungen« (ebd.) »mehr als nur deutende Aufklärung zur Verfügung« (ebd.) stellen. Dazu gehören ihrer Ansicht nach »Balint, Winnicott, Alexander und vor allem die Selbstpsychologie« (ebd.), auf die sich auch zahlreiche körperpsychotherapeutische Beiträge des Handbuches beziehen (vgl. vor allem Kap. 25 »Selbst und Körper« von Günter Heisterkamp). Interessant ist in diesem Zusammenhang, wie viele unterschiedliche Begriffe des (Körper-)Selbst im Feld der Körperpsychotherapie kursieren: von klassisch selbstpsychologischen, wie Winnicott, zu neueren, aber ebenfalls noch aus der Theorietradition der Psychoanalyse hervorgegangenen, wie denen von Stern oder Stolorow et al., über neuropsychologisch untermauerte, wie dem von Damasio, bis hin zu originär im Bereich der Körperpsychotherapie entwickelten, wie die vielschichtig schillernden und sicher nicht immer begrifflich trennscharfen Selbstbegriffe, die allein Stanley Kelemann in seinem Beitrag »Die Reifung des somatischen Selbst« (Kap. 21) entfaltet.

Ebenso der Kategorie der »*Eineinhalb-Personen-Psychologie*« zugeordnet werden jenseits dieser diversen selbstpsychologischen Bezüge auch originär aus dem Feld der Körperpsychotherapie heraus entwickelten Ansätze, wie z.B. die Biodynamik (vgl. Kap. 57 von Ebba Boyesen und Peter Freudl: »Die Entfaltung libidinöser Kräfte in der neoreichianischen Körperpsychotherapie«) oder der Hakomi-Methode (vgl. die Kap. 37 & 39 von Halko Weiss). Nicht zuletzt bezieht sich auch William F. Cornell in seinem Beitrag über »das Feld der Beziehungen in der Körperpsychotherapie« (Kap. 46) und Gisela Worms Überlegungen zu einer somatischen Theorie von Übertragung und Gegenübertragung in Kap. 48 auf »eine so verstandene therapeutische Beziehung« (Kap. 45 S. 483).

Dort, wo »der Übertragung und Gegenübertragung die Dimension der Beziehung und der existenziellen Begegnung vorangestellt« (ebd.) wird und sich (körper-)therapeutische Ansätze »um eine axiomatische Betonung von ›Intersubjektivität‹ gruppieren« (ebd.), sprechen Marlock/Weiss in Anschluss an Stark von einer »*Zwei-Personen-Psychologie*« (ebd.). Sie heben hier einerseits die Tradition der Gestalttherapie hervor und die daran anschließenden »theoretische Konzeptionierung« der therapeutischen Beziehung als »*Ko-RespondenzprozessEnactments*« (ebd.: S. 486). Diesen setzen sie einerseits in Beziehung zu der »ursprünglich von *Albert Pesso* entwickelte(n) Methode, internalisierte Objektbeziehungen und deren therapeutische Korrektur dramatisch zu inszenieren« (ebd.), was er in seinem Beitrag (Kap. 43) »Dramaturgie des Unbewussten und korrigierende Erfahrungen: Wann ereignen sie sich? Bei wem? Und wo?« zum Teil V »Grundlagen der Methodologie« noch einmal in all seiner Komplexität entfaltet.

Während Pessos faszinierender Ansatz sicher noch der Kategorie der »*Eineinhalb-Personen-Psychologie*« zuzurechnen ist, dringt die Arbeit mit Enactments, wie sie bspw. im Handbuch in einem hervorragenden Beitrag von Peter Geißler über »Regression in der Körperpsychotherapie« (Kap. 56) oder in dem von Sabine Trautmann-Voigt geschriebenen Kapitel 92 über »Tanztherapie« dargelegt werden, eindeutig in den Bereich der »Zwei-Personen« bzw. wie Marlock/Weiss korrekter formulieren: »Zwei-Körper-Psychologie« (Kap. 45: 486) vor. Eingebunden sehen sie diese in eine »Weiterentwicklung der Stern'schen Säuglingsforschung durch *George Downing*« (ebd.), der im Handbuch mit einem äußerst lesenswerten Beitrag zum »frühkindliche(n) Affektaustausch und dessen Beziehung zum Körper« (Kap. 30) im Teil IV »Somatische Dimensionen der Entwicklungspsychologie« vertreten ist.

Dessen Konzept der »Affektmotorischen Schemata« wird in diesem Teil gleich anschließend von Andreas Wehowsky noch einmal in einem eigenen Kapitel – auch in ihrer Beziehung zu der von ihm jedoch im Paradigma der Wirkfaktoren interpretierten Arbeit mit Enactments (vgl. Kap. 31: S. 357f.) gesetzt. Dass sich aber Entwicklungspsychologie nicht allein auf somatische Dimensionen der Bindung (vgl. Kap. 33 »Bindungstheorie und Körperpsychotherapie« von John May und Mark Ludwig) sowie »die Beschreibung interpersonale(r) Körpermikropraktiken« (Kap. 34: S. 358) beschränken kann, sondern sich auch jener »verkörperten Wissensstrukturen« (ebd.) anzunehmen hat, wie sie sich »durch die Herausforderungen der eigenen Bewegungsgeschichte und die Auseinandersetzung mit der materialen Umgebung herauskristallisieren« (ebd.), verdeutlicht Ute-Christiane Bräuer in ihrem Beitrag »Die Autonomieentwicklung aus körpertherapeutischer Sicht«.

Mit ihrem Bezug auf Sloterdijk, dass »die Weltaneignung eine Fortsetzung der Geburt mit anderen Mitteln« (vgl. ebd.: S. 383) und »der Mensch ein Mehrwelttier« (vgl. ebd.) sei, thematisiert sie jedoch nicht nur eine Dimension, der sich auch die pränatale Psychologie annimmt (vgl. das von Ludwig Janus geschriebene Kap. 33 »Körper und Pränatale Psychologie«). Zumindest implizit angesprochen sind damit auch gesellschaftliche, soziale und kulturelle Welten. Diese tauchen zwar in den historischen Vergewisserungen von Marlocks Beiträgen (sehr stark in Kap. 6) als Bezugspunkte durchaus auf, treten aber ansonsten im Handbuch bis auf das Kapitel 26: »Körper, Kultur und körperorientierte Psychotherapien« von Ian J. Grand weitgehend in den Hintergrund. Selbst Grands »Untersuchung« dessen, »dass sich kulturelle und soziale Gegebenheiten in die somatische Realität eines Menschen einschreiben, und sich auf dieser Ebene auch abbilden« (Kap. 16: 207), beschränkt sich jedoch auf entsprechende empirische Befunde und deren Bedeutung für die (körper-)therapeutische Praxis.

Demgegenüber haben Marlock/Weiss in ihrer Einleitung zu diesem Kapitel darauf hingewiesen, dass Wilhelm Reich »für den Zusammenhang zwischen psychisch-körperlicher Struktur und den sie prägenden gesellschaftlichen Verhältnissen im 20. Jahrhundert entscheidende Theorieanstöße gegeben« (ebd.) hat. Dass »in den Theorien zur *autoritären Persönlichkeit* der Frankfurter Schule, in dem *Habituskonzept* des französischen Soziologen Pierre Bourdieu (1982), sowie in Klaus Theweleits (1977) Abhandlung über die *Körper und Fantasien von soldatischen Männern im Faschismus*« (ebd.) bedeutsame theoretische Weiterentwicklungen vorliegen, findet hier zwar Erwähnung. Ein diesbezüglich theoretisch geschärftes eigenes Kapitel in den Teilen III und/oder IV des Handbuches hätte dieses zweifellos jedoch noch bereichern können.

Michael May

Veranstaltungskalender

9. bis 10. Februar 2007, Rhein-Klinik (Bad Honnef)
Therapeutische Diagnostik mit Konzentrativer Bewegungstherapie
Veranstalter: DAKBT
Infos: leidenberger@pressebureau.de www.dakbt.de

29. April bis 4. Mai 2007, Bad Gleichenberg
13. Internationales Seminar für körperbezogene Psychotherapie, Körpertherapie und Körperkunst »Leib oder Leben« – »Künste des Heilens«
Veranstalter: Österreichische Gesellschaft für Medizinische Psychologie, Psychotherapie und Psychosomatik (ÖGMP)
Infos: Ilse Windhager E-Mail ilse.windhager@klinikum-graz.at und www.leidoderleben.at

29. bis 31. Mai 2007, Leipzig
KörperPotenziale in der Psychotherapie. Interdisziplinärer Kongress zum Thema Körperpsychotherapie mit den Schwerpunkten: Bewegungstherapie, Bindungsforschung, Traumatherapie, Dissoziationsforschung, Moderne Psychoanalyse, Tiefenpsychologie.
Veranstalter: Universität Leipzig (Klinik und Poliklinik für Psychotherapie und Psychosomatische Medizin, Institut für Sportpsychologie und Sportpädagogik), Akademie für ganzheitliche Psychotherapie, Sächsischer Weiterbildungskreis für Psychotherapie, Psychoanalyse und Psychosomatische Medizin e. V.
Infos: E-mail info@koerperpotenziale.de und
www.koerperpotenziale.de

7. bis 10. Juni 2007, Dreieich
10. Internationales Selbstpsychologie-Symposium
Thema: Veränderungen in der Psychoanalyse: Ein nicht endender Prozess

Organisation: PD Dr. Hans-Peter Hartmann (Heppenheim), Prof. Dr. Wolfgang Milch (Giessen)
Infos: Kongressorganisation Geber & Reusch, Tel. 0049-621-826611, Fax 0049-621-812014

18. bis 21. September 2007, Berlin (FU)
2. Kongress der Deutschen Gesellschaft für Körperpsychotherapie
Thema: Körper – Seele – Selbst
Organisation: DGK / CTW
Infos: dgk@ctw-congress.de gmarlock@compuserve.com ma.thielen@gmx.de www.ctw-congress.de/dgk/

21. bis 23. September 2007, Lindau
58. Jahrestagung der DGPT
Thema: »Sexualitäten«
Veranstalter: DGPT
Infos: psa@dgpt.de www.dgpt.de

November 2007, Basel
Fortbildungsseminare mit *Albert Pesso*
Organisation und Information: Martin Howald,
E-mail mhowald@nikko.ch

2007 findet *kein* Wiener Symposium »Psychoanalyse und Körper« statt.

Autorinnen und Autoren, Herausgeberinnen und Herausgeber

Fellmann, Thomas, Dr. med., Facharzt für Psychiatrie und Psychotherapie in eigener Praxis, analytischer Körperpsychotherapeut.
Adresse: CH-4102 Binningen, Parkstraße 5
E-mail fellmann@intergga.ch

Geißler, Christine, Dr. phil., Dipl. physikal. Assistentin, Psychoanalytikerin, Psychotherapeutin in freier Praxis, Mitglied im AKP.
Adresse: A-2301 Neu-Oberhausen, Dr. Paul Fuchsiggasse 12
E-mail: ch.geissler@aon.at

Geißler, Peter, Dr. med. et phil., Psychologe, Psychodiagnostiker, Psychotherapeut in freier Praxis, Gründer des Wiener Symposiums »Psychoanalyse und Körper« und Gründer/Herausgeber der gleichnamigen Zeitschrift. Obmann des AKP.
Adresse: A-2301 Neu-Oberhausen, Dr. Paul Fuchsiggasse 12
E-mail: geissler.p@aon.at

Hofer-Moser, Otto, Dr. med., Arzt für Allgemeinmedizin, Psychotherapeut (Integrative Gestalttherapie, Analytische Körperpsychotherapie), Ausbildner für Ärzte im Bereich Traumatherapie, Mitglied im AKP.
Adresse: A-9232 Rosegg 19
E-mail: otto.hofer-moser@aon.at

May, Michael, Prof. Dr., Professor für Erziehungswissenschaften am Fachbereich Sozialwesen der FH-Wiesbaden; Privatdozent für allgemeine Erziehungswissenschaft im Fachbereich Erziehungungswissenschaften der Universität Frankfurt; Ausbildung in Unitiver Körperpsychotherapie.
Adresse: D-65197 Wiesbaden, Eltviller Straße 18
E-mail M.May@em.uni-frankfurt.de

Müller-Schwefe, Rudolf, Diplom-Pädagoge, HP Psychotherapie, Radix-Therapeut und -Ausbilder, EMDR-Therapeut, Ausbildung in Functional Analysis. Gegenwärtig Co-Leitung des Augsburger Instituts für Körper-orientierte Weiterbildung, Beratung und Therapie (www.augsburger-institut.de). Arbeitsschwerpunkte: Therapie von Menschen mit traumabedingten und Angststörungen; Fortbildungstätigkeit in körperorientierter Traumatherapie.
Adresse: D-86152 Augsburg, Gartenstraße 17
E-mail r.mueller-schwefe@web.de

Steiner, Beate, Dipl. psych., Psychologische Psychotherapeutin, Psychoanalytikerin (DGPT, DGIP), Psychotherapeutin für Katathym Imaginative Psychotherapie (AGLB)
Adresse: D-64293 Darmstadt, Liebigstraße 13
E-mail Beate-Steiner@t-online.de

3. Psychoanalyse der Lebensbewegungen

Rahmen, Arbeitsbündnis und Setting – oder: Die Einrichtung der psychotherapeutischen »Werkstatt« *(G. Heisterkamp, P. Geißler)*

Zum Umgang mit Handlungsdialogen in der therapeutischen Beziehung *(G. Worm)*

Die Traumatisierung als erstarrte Lebensbewegung *(G. Poettgen-Havekost)*

»Der Körper lügt nicht« – ? Zur Widerstandsanalyse in der körperlichen Interaktion *(G. Worm)*

Über die Trennung von Körper und Seele *(T. Moser)*

Praxis der Analyse seelischer Lebensbewegungen *(G. Heisterkamp)*

4. Analyse der Lebensbewegungen in der Gruppe

Analytische Körperpsychotherapie der Anorexia nervosa *(R. Maaser)*

Eine Bühne für die Seele: Körpertherapie in der analytischen Gruppentherapie *(R. Heinzel)*

Gruppentherapie und Gegenübertragungs-Kapazität *(R. Ware)*

5. Spezielle Anwendungen

Die Kunst des Liebens. Sexualität und Sexualisierung im Spiegel des körperpsychotherapeutisch orientierten Handlungsdialoges *(D. Hoffmann-Axthelm)*

Eros und Sexualität im Spielraum der körperpsychotherapeutischen Beziehung. *(R. Ware)*

Langzeitbehandlung bei Patienten mit Borderline-Störungen *(T. Reinert)*

www.ingramcontent.com/pod-product-compliance
Ingram Content Group UK Ltd.
Pitfield, Milton Keynes, MK11 3LW, UK
UKHW040556210726
13854UKWH00007B/386